Les verbes mod

CW00351021

Cahiers Chronos

Collection dirigée par Carl Vetters (Université du Littoral - Côte d'Opale)

Comité de lecture:

Céline Benninger (Université de Valenciennes)
Anne-Marie Berthonneau (Université de Lille 3)
Andrée Borillo (Université de Toulouse-Le Mirail)
Philippe Bourdin (Université York - Toronto)
Anne Carlier (Université de Valenciennes)
Renaat Declerck (KULAK-Courtrai)
Walter De Mulder (Université d'Artois)
Patrick Dendale (Université de Metz)
Ilse Depraetere (KUB - Bruxelles)
Dulcie Engel (University of Swansea)
Laurent Gosselin (Université de Rouen)
Véronique Lagae (Université de Valenciennes)
Sylvie Mellet (CNRS - Université de Nice)
Arie Molendijk (Université de Groningue)
Catherine Schnedecker (Université de Metz)
Liliane Tasmowski-De Ryck (Université d'Anvers - UIA)
Marleen Van Peteghem (Université de Lille 3)
Co Vet (Université de Groningue)
Carl Vetters (Université du Littoral - Côte d'Opale)
Svetlana Vogeleer (Institut Libre Marie Haps - Bruxelles)
Marcel Vuillaume (Université de Nice)

Ce volume a été réalisé avec le concours financier de l'équipe de recherche "Modalités du fictionnel" (jeune équipe 2210) de l'Université du Littoral – Côte d'Opale.

Les verbes modaux

textes réunis par

Patrick Dendale
et
Johan van der Auwera

Amsterdam - Atlanta, GA 2001

Le papier sur lequel le présent ouvrage est imprimé remplit les prescriptions de "ISO 9706:1994, Information et documentation - Papier pour documents - Prescriptions pour la permanence".

The paper on which this book is printed meets the requirements of "ISO 9706:1994, Information and documentation - Paper for documents - Requirements for permanence".

ISBN: 90-420-1335-4
©Editions Rodopi B.V., Amsterdam - Atlanta, GA 2001
Printed in the Netherlands

Table des matières

Patrick Dendale
Johan van der Auwera
Les verbes modaux : introduction i-iv

Aboubakar Ouattara
Modalités et verbes modaux dans les écrits de Bernard Pottier 1-16

Nicole Le Querler
La place du verbe modal pouvoir *dans une typologie des modalités* 17-32

Bart Defrancq
Que peuvent bien pouvoir *et* bien *?* 33-46

Alessandra Bertocchi
Anna Orlandini
L'expression de la possibilité épistémique en latin 47-65

Hans Kronning
Pour une tripartition des emplois du modal devcir 67-84

Christiane Marque-Pucheu
Valeurs de devoir *dans les énoncés comportant* selon N 85-101

Jean-Pierre Desclés
Zlatka Guentchéva
La notion d'abduction et le verbe devoir *"épistémique"* 103-122

Eric Gilbert
A propos de will 123-139

Odile Blanvillain
Shall *: visée et prise en charge énonciative* 141-157

Angela Schrott
Le futur périphrastique et l'allure extraordinaire 159-170

Compte rendu

Estelle Moline
Moeschler, J. & Béguelin, M.-J. (éds), 2000, *Référence temporelle et nominale. Actes du 3ème Cycle Romand de Sciences du Langage (Cluny, 15-20 avril 1996)*, Bern, Lang. 171-173

Les verbes modaux : introduction

Patrick DENDALE
Université de Metz-CELTED & Universiteit Antwerpen -UIA

Johan VAN DER AUWERA
Universiteit Antwerpen

Ce volume regroupe une série d'études qui ont été présentées lors du colloque *Les verbes modaux dans les langues germaniques et romanes,* organisé à l'université d'Anvers (UFSIA) en décembre 1998. Tous les textes sont écrits en français. Une sélection de textes présentés au colloque et rédigés en anglais sont publiés dans le numéro 14 du *Belgian Journal of Linguistics.*

Les dix études réunies ici portent sur les verbes modaux en français, en anglais ou en latin.

La modalité, on le sait, est une notion aux définitions multiples et aux frontières floues. La conception minimaliste consiste à dire qu'elle regroupe au moins deux catégories : le nécessaire et le possible (*Cf.* Lyons 1977 : 787, ou Palmer 1979 : 8, parmi d'autres). En linguistique, ce sont deux séries de modalités qui sont généralement distinguées : les modalités épistémiques et les modalités déontiques (ou radicales), distinction qu'on retrouve d'une façon ou d'une autre dans la plupart des contributions à ce volume. Pour certains linguistes cependant il est nécessaire d'ajouter à ces deux séries d'autres modalités, comme par exemple les modalités aléthiques (*Cf.* Hans Kronning, ce volume), ou encore, les modalités existentielles, factuelles ou axiologiques (*Cf.* B. Pottier dans Aboubakar Ouattara, ce volume). D'un autre côté, il y a des auteurs, comme Eric Gilbert (ce volume), qui refusent le cadre de la traditionnelle distinction entre modalités épistémiques et modalités déontiques.

Que faut-il comprendre par *verbe modal* ?

(i) Un verbe peut être appelé modal parce qu'il a été consacré comme tel par la tradition grammaticale. S'y rangeraient de façon indiscutable des verbes comme *devoir* ou *pouvoir* pour le français et *will* ou *shall* pour l'anglais, verbes dont les caractéristiques sémantiques et syntaxiques ont été amplement décrites dans le passé, mais dont certains aspects sont réexaminés ici dans sept des dix contributions.

(ii) Un verbe peut aussi être qualifié de modal quand il a parmi ses emplois au moins un emploi modal. C'est le cas par exemple de l'auxiliaire du futur périphrastique en français, le verbe *aller*, étudié dans ce volume par Angela Schrott.

(iii) On peut aussi, comme le font Bernard Pottier et Aboubakar Ouattara (ce volume), considérer un verbe comme modal quand il comporte dans sa définition sémique un ou plusieurs traits modaux. Ainsi le verbe *renoncer,* composé des traits modaux « avoir voulu » et « ne plus vouloir », est, selon ce critère, à considérer comme un verbe modal pour Ouattara.

Le recueil s'ouvre par un article d'Aboubakar Ouattara, qui propose une synthèse de la conception de la modalité de Bernard Pottier. L'auteur commence par présenter l'hypothèse de Pottier selon laquelle il y a quatre catégories modales universelles : les modalités existentielles (ontologiques et aléthiques), les modalités épistémiques, les modalités factuelles et les modalités axiologiques. Un verbe modal est selon ce linguiste une « lexie verbale simple ou complexe traduisant linguistiquement [...] une catégorie modale universelle ». La deuxième partie de l'article de Ouattara est consacré au travail sémantique sur les verbes modaux. L'auteur y montre d'abord comment, pour chacune des quatre catégories modales, on peut regrouper les lexies modales simples en trois sous-classes, par exemple *apparaître-être-disparaître* ou *apprendre-savoir-oublier.* C'est l'hypothèse du schème trimorphique de Pottier. Pour ce qui est des lexies modales complexes (par exemple *renoncer, hésiter*), l'auteur montre qu'elles peuvent être décrites sémantiquement à l'aide des lexies modales simples.

C'est une autre typologie des modalités que propose Nicole Le Querler dans sa contribution sur la polysémie de *pouvoir* : modalités subjectives (épistémiques et appréciatives), modalités intersubjectives et modalités objectives. La première partie de son article est une présentation des différentes significations du verbe *pouvoir.* L'auteur y formule l'existence d'un noyau sémantique sous-déterminé – la possibilité abstraite – et y énumère toute la série d'effets de sens que le verbe peut avoir selon les contextes. Entre les deux, noyau abstrait et effets contextuels, on peut situer les cinq valeurs « canoniques » attribuées à *pouvoir* : *capacité, permission, possibilité matérielle, éventualité* et *sporadicité.* Dans la deuxième partie de son article, l'auteur montre où il faut classer les effets de sens de *pouvoir* dans sa typologie des modalités.

C'est également du verbe *pouvoir* que traite la contribution de Bart Defrancq. L'auteur se propose de décrire la valeur de *pouvoir* dans des constructions interrogatives du type *Où peut-il bien être ?*, qui contiennent, outre *pouvoir*, l'adverbe *bien.* Ces constructions ont la particularité de ne pas exprimer un véritable acte de question : elles ne sollicitent pas vraiment de réponse. Mais ce ne sont pas non plus des questions rhétoriques classiques, parce qu'elles n'en ont pas toutes les caractéristiques, comme le montre l'auteur. L'explication des propriétés particulières de cette construction passe par une analyse minutieuse de l'apport sémantique respectif du verbe modal et de l'adverbe *bien.*

Partant de la constatation que le latin classique n'exprime pas la possibilité épistémique par l'adjectif *possibile*, Alessandra Bertocchi et Anna Orlandini étudient dans leur contribution les moyens verbaux, mais aussi adverbiaux et adjectivaux, par lesquels s'exprime en latin la possibilité épistémique. Distinguant la possibilité *unilatérale* (« possible et peut-être même nécessaire ») – où elles rangent aussi le probable – de la possibilité *bilatérale* (« possible mais pas nécessaire ») et la possibilité épistémique *subjective* de la possibilité épistémique *objective*, les auteurs examinent pour différentes expressions modales latines quels types de modalités épistémiques elles expriment.

Avec l'étude de Hans Kronning, nous quittons le domaine du verbe *pouvoir* et de la possibilité pour passer au verbe modal *devoir* et à l'expression de la nécessité. Le but de l'auteur est de montrer que l'opposition classique entre valeurs déontiques et valeurs épistémiques est insuffisante pour décrire *devoir* et qu'il faut les compléter ces deux groupes de valeurs d'un troisième groupe, les valeurs *aléthiques*. La modalité aléthique « *lato sensu* » est une modalité de L'ETRE, tout comme la modalité épistémique, mais elle se distingue de celle-ci par des caractéristiques sémantiques, syntaxiques et discursives, que l'auteur décrit en détail, tout comme les huit types de modalité aléthique qu'il distingue.

Tout comme Bart Defrancq étudie la combinaison de *pouvoir* avec *bien*, Christiane Marque-Pucheu examine dans sa contribution le résultat de la combinaison d'un verbe modal, *devoir,* avec une autre unité, en l'occurrence le syntagme prépositionnel *selon N*. Son étude tend à montrer, entre autres, que l'hypothèse de Huot (1974 : 78), selon laquelle *devoir* combiné à *selon* + un Nom humain exprimerait toujours la valeur de probabilité, est fausse. Selon Marque-Pucheu le syntagme en *selon* + Nhum est compatible aussi bien avec la valeur épistémique qu'avec la valeur déontique de *devoir* et, en moindre mesure, avec sa valeur aléthique.

La question que se posent Jean-Pierre Desclés et Zlatka Guentchéva dans leur contribution est de savoir quel est le type d'inférence exprimé par *devoir* épistémique (ou évidentiel). Les auteurs critiquent l'hypothèse de Dendale (1994), selon laquelle *devoir* ne marquerait que l'inférence déductive ou inductive. Ils démontrent que très souvent le verbe modal marque une inférence de type *abductif*, une inférence qui ne pose pas la *nécessité* mais seulement la *plausibilité* d'une conclusion. L'effet de certitude incomplète qui est lié généralement à l'emploi de *devoir* épistémique s'expliquerait alors moins par la qualité des prémisses convoquées, que par la fiabilité non totale du type de raisonnement utilisé, à savoir l'abduction.

Les études d'Eric Gilbert et d'Odile Blanvillain ont ceci en commun qu'elles portent toutes les deux sur des verbes anglais (*will* et *shall*), qu'elles s'inscrivent toutes les deux dans le cadre théorique de la *Théorie des Opérations Enonciatives* élaborée par Antoine Culioli et que les auteurs cherchent dans les deux cas à trouver un « schéma abstrait », une « forme schématique unique » du verbe modal qu'ils étudient. Tant l'étude de Gilbert, que celle de Blanvillain recourent à la distinction entre paramètres *qualitatif* et *quantitatif* de la construction d'un contenu propositionnel (ou notion complexe). *Will* est ainsi décrit comme un marqueur qui exprime la « conformité, aux yeux de l'énonciateur, des dimensions quantitative et qualitative de l'occurrence de la relation prédicative envisagée ». *Shall* est décrit comme un marqueur qui exprime une visée et la justification de cette visée par sa prise en charge subjective. Ces descriptions permettent non seulement de rendre compte des effets de sens de *will* et de *shall* que produit le contexte, mais aussi d'opposer sémantiquement ces deux verbes entre eux d'une part et aux autres verbes modaux anglais, comme *must* ou *should*, d'autre part.

Que l'étude d'Angela Schrott sur l'auxiliaire *aller,* marqueur temporel du futur périphrastique, figure parmi les contributions à ce volume, tient au fait que dans certains types de contextes cet auxiliaire exprime de façon systématique une nuance modale, appelée l' « allure extraordinaire » par les grammaires françaises. Le but de l'auteur est de montrer que la valeur modale du futur périphrastique s'explique à partir de la sémantique temporelle de base de la forme verbale, combinée avec certaines caractéristiques du contexte (comme par exemple la négation).

Nous conclurons, en remerciant pour leur soutien financier et logistique, les universités d'Anvers (UIA et UFSIA) et de Metz, le Ministère de la recherche scientifique (Projet GOA « Pragmatique »), les Amis de l'Université de Metz, ainsi que le *Centre de Grammaire, de Cognition et de Typologie* (CGCT) et *Le Centre d'Etudes Linguistiques des Textes et des Discours* (CELTED).

Références

DENDALE, P., 1994, "*Devoir* : marqueur modal ou évidentiel ?", *Langue française*, 102, p. 24-40.
HUOT, H., 1974, *Le verbe DEVOIR. Etude synchronique et diachronique*, Paris, Klincksieck.
LYONS, J., 1977, *Semantics*, Cambridge UP.
PALMER, F.R., 1979, *Modality and the English Modals*, London & New York, Longman.
VAN DER AUWERA, J. & DENDALE, P., 2001, *Modal Verbs in Germanic and Romance Languages*, Amsterdam, Benjamins.

Modalités et verbes modaux dans les écrits de Bernard Pottier [1]

Aboubakar OUATTARA
Université de Tromsø

0. Introduction

La problématique de la modalité et des verbes modaux a constamment retenu l'attention de Bernard Pottier. Plusieurs textes, articles et livres, publiés entre 1974 et 2000, traduisent l'évolution de sa pensée sur la question. Nous en présentons ici une synthèse. Notre démarche s'articulera autour de deux parties : l'hypothèse des catégories modales universelles et la définition du verbe modal d'un côté et le travail sémantique sur les verbes modaux de l'autre.

1. L'hypothèse des catégories modales universelles et la définition du verbe modal
1.1. Le système des catégories modales universelles

Il existe, selon Bernard Pottier, quatre grandes catégories modales universelles de nature sémantico-conceptuelle susceptibles d'intégrer la réflexion du linguiste sur la question de la modalité. Ces catégories sont les suivantes : l'existentiel, l'épistémique, le factuel et l'axiologique (1987a : 92-93 ; 201-209 ; 1992 : 76, 205-23). Elles se laissent organiser en un système d'ensemble par rapport à un repère central qui est la première personne.

Un premier rapport systématique institue la relation de modalité *épistémique / factuelle* :

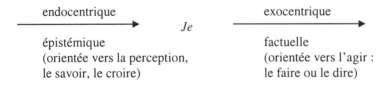

endocentrique		exocentrique
Je		
épistémique		factuelle
(orientée vers la perception,		(orientée vers l'agir :
le savoir, le croire)		le faire ou le dire)

Fig.1

[1]   Je tiens à remercier B. Pottier, D. Bottineau, F. Ferreres Maspla, J. van der Auwera et P. Dendale qui ont lu une première version de cet article et m'ont fait profiter de leurs précieuses remarques.

Un deuxième rapport systématique institue la relation de modalité *ontique / aléthique* couverte par l'existentiel. Ontique, la modalité prédique l'existence d'une entité : Il *y a* des *nuages* (1992 : 98). Aléthique, la modalité prédique l'existence d'une proposition : Si je lâche cette pierre, *elle tombe nécessairement* (1987a : 202). Dans les deux cas, la prédication se veut indépendante du jugement de l'énonciateur : *Je* (1992 : 206). D'où la figuration suivante pour mieux fixer les idées :

existentielle
(ontique / aléthique)

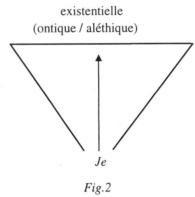

Je

Fig.2

Un troisième rapport systématique institue la relation de modalité *axiologique* qui concerne les jugements de valeur de *Je* sur son propos ou sur des modalités antérieures. Soit respectivement : *L'intervention de Jacques dans cette affaire me **réjouit** ; L'intervention de Jacques dans cette affaire me réjouit **plus**.*

L'ensemble de ces rapports systématiques conduit Pottier à la construction du système d'ensemble des catégories modales universelles, articulées, il va de soi, autour de la première personne : *Je / hors-Je* (1996 : 152) :

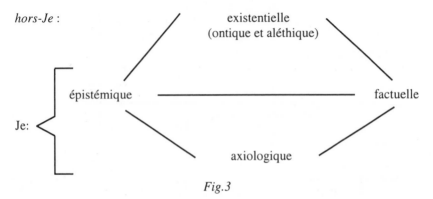

Fig.3

Les catégories modales universelles se laissent expliciter par des notions représentatives : /être/ pour l'existentiel, /savoir/ pour l'épistémique, /vouloir, pouvoir, devoir/ pour le factuel, et /valoir/ pour l'axiologique (1992 : 206-219 ; 1987a : 92, 201-209). Soit figurativement :

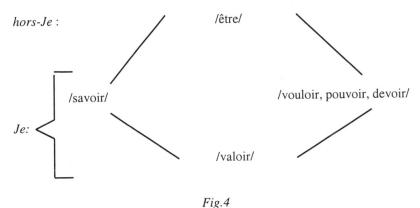

Fig.4

1.2. La définition du verbe modal

La définition du verbe modal chez Pottier découle directement de ce qui précède. On appellera verbe modal, toute lexie verbale simple ou complexe traduisant linguistiquement une notion modale et par conséquent une catégorie modale universelle.

1.3. La définition opératoire des catégories
1.3.1. La modalité épistémique

La *modalité épistémique* traduit en termes de modes de pensée le degré d'adhésion du *Je* à son propos. La détermination de ce degré d'adhésion est effectuée à l'aune de la notion graduable de /savoir/ (1987a : 202 ; 1992 : 210 et 207) :

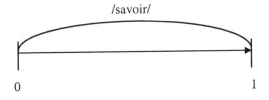

Fig.5

Dans les énoncés suivants :

(1)   J'ignore si *Pierre viendra.*
(2)   Je me demande si *Pierre viendra.*
(3)   J'imagine que *Pierre viendra.*
(4)   Je crois que *Pierre viendra.*
(5)   Je sais que *Pierre viendra.*

Le propos est le même, mais pas le degré d'adhésion épistémique au propos :

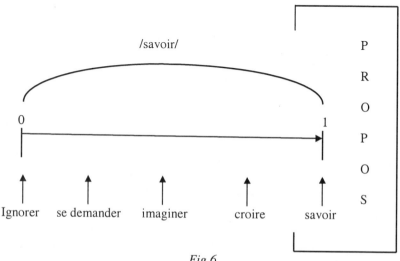

Fig.6

Savoir engage épistémiquement un degré d'adhésion entier au propos. *Ignorer* engage épistémiquement un degré d'adhésion nul au propos. J'*ignore* si Pierre viendra = Je *ne sais pas* si Pierre viendra. *Se demander* ouvre épistémiquement la voie à un degré d'adhésion non nul au propos mais reste enraciné dans *ignorer.* Je *me demande* si Pierre viendra = Je *ne sais pas* si Pierre viendra mais j'*aimerais* le *savoir. Imaginer* et *croire* engagent épistémiquement un degré d'adhésion non nul au propos. Toutefois, l'engagement épistémique dans *imaginer* reste plus impressif, et partant, plus hypothétique (1980 : 75, 77). J'*imagine* que Pierre viendra = J'ai l'*impression* que Pierre viendra (savoir impressif par les sens : 1980 : 77 ; 1992 : 210). Dans *croire,* en revanche, l'engagement épistémique accuse un minimum de savoir acquis (1980 : 77). Je *crois* que Pierre viendra = J'*ai moins l'impression que la certitude minimale* que Pierre viendra. *Croire* peut même engager épistémiquement un degré d'adhésion entier au propos, c'est-à-dire aller jusqu'à la conviction totale et la foi ! (1992 : 211). Les lexies verbales épistémiques se situent relativement les unes par rapport aux autres sur l'axe continu de la notion-repère, selon leur degré d'adhésion au propos.

1.3.2. La modalité factuelle

La *modalité factuelle* traduit le degré d'engagement à la réalisation effective que l'énonciateur accorde à un événement par le biais de sa modalisation. La détermination de l'intensité du degré d'engagement se mesure à l'aune du continuum que forme la chronologie notionnelle /vouloir-pouvoir-devoir/. Soit figurativement (P symbolisant l'événement modalisé et la zone hachurée, le lieu de sa réalisation effective) :

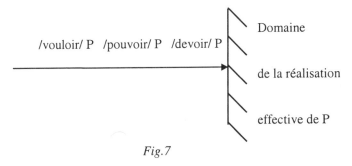

Fig.7

Chacun des énoncés suivants illustre la modalité factuelle :

(6)   Je *désire partir.*
(7)   Il me *permet* de *partir.*
(8)   Il *faut* que je *parte.*

Dans les trois cas l'événement modalisé est le même : *partir.* La visée modale est toutefois différente. En (6), elle ressortit à /vouloir/. En (7), elle ressortit à /pouvoir/. En (8), elle ressortit à /devoir/. L'engagement énonciatif de *partir* au domaine des faits réalisés est donc successivement différé. La contrainte de réalisation effective qui pèse sur *partir* est très forte en (8). Elle l'est moins en (7). Beaucoup moins en (6). (1987a : 203-205 ; 1992 : 215-218). Figurativement :

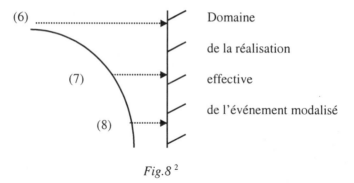

Fig.8 [2]

1.3.3. La modalité axiologique

La *modalité axiologique* traduit le degré de valorisation accordé par l'énonciateur à son propos ou même à des modalités antérieures. La notion graduable de /valoir/ lui sert d'unité de mesure (1987a : 205-206 ; 1992 : 218-223 ; 1998a : 12) :

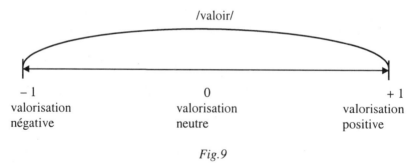

Fig.9

Soit les énoncés suivants :

(9)   L'intervention de Jacques dans cette affaire me *déçoit.*
(10)   L'intervention de Jacques dans cette affaire me *laisse indifférent.*
(11)   L'intervention de Jacques dans cette affaire me *réjouit.*

Le propos est le même dans les trois cas : *l'intervention de Jacques dans cette affaire*. La modalité axiologique ne l'est pas. Les trois énoncés illustrent respectivement l'échelle de valorisation visualisée par la figure. Pour chaque

---

2   Dans son prochain livre, *Représentations mentales et catégorisations linguistiques*, à paraître chez Peeters en 2000, Bernard Pottier remanie légèrement la structure de la modalité factuelle. Le /vouloir/ passe en axiologie, car vouloir suppose un trait bénéfique pour l'énonciateur.

énoncé, on peut lister l'ensemble des possibilités axiologiques remarquables qu'ouvre l'insertion d'un adverbe :

(9)   a.   L'intervention de Jacques dans cette affaire me déçoit *plus / autant / moins.*
(10) a.   L'intervention de Jacques dans cette affaire me laisse *plus* indifférent / *aussi* indifférent / *moins* indifférent.
(11) a.   L'intervention de Jacques dans cette affaire me réjouit *plus / autant / moins.*

L'insertion des adverbes montre les modalités axiologiques antérieures, *déçoit, laisse indifférent, réjouit,* axiologisées à leur tour.

1.3.4. La modalité existentielle

La *modalité existentielle* prédique l'existence d'une entité ou d'une proposition par une généralisation qui se veut indépendante du *Je,* c'est-à-dire sans référence au jugement de l'énonciateur (1992 : 206, 208).

Lorsqu'elle prédique une **entité,** La modalité existentielle est dite ontique et favorise la visualisation suivante qui permet d'évaluer les emplois relativement les uns aux autres :

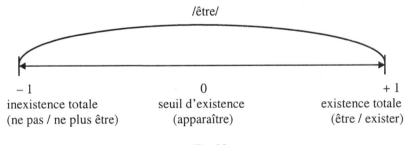

/être/

– 1	0	+ 1
inexistence totale	seuil d'existence	existence totale
(ne pas / ne plus être)	(apparaître)	(être / exister)

Fig.10

(12)   Il *n'y a pas* de nuages / Il *n'y a plus* de nuages.
(13)   Des nuages *apparaissent / se forment / naissent.*
(14)   Il *y a* des nuages.

Dans les trois cas, il est parlé de l'entité *nuages* sans référence affichée au jugement de l'énonciateur. (12) prédique l'inexistence totale de l'entité. (14) prédique l'existence totale de l'entité. (13) prédique le seuil minimal d'existence de l'entité ; en fait, une existence médiane, floue (1987a : 200-202 ; 1992 : 98, 116-117).

Lorsqu'elle prédique une **proposition,** la modalité existentielle est dite aléthique et favorise la visualisation suivante, qui permet d'évaluer les emplois relativement les uns aux autres (1987a :202 ; 1992 :50-51, 54, 208-209):

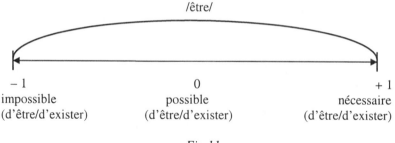

Fig.11

(15)   « Il est *impossible* que je rencontre deux voitures dont le numéro à quatre
        chiffres est le même. » (d'après 1987a : 202)
(16)   « *Il se peut* que le 13 sorte au loto. » (1992 : 208)
(17)   « Si je lâche cette pierre, elle tombe *nécessairement.* » (1987a : 202)

En (15), l'énonciateur prédique l'inexistence totale de la proposition
modalisée : Il est *impossible* que P. En (17), il prédique l'existence
totalement inévitable de la proposition modalisée : Si je lâche cette pierre,
alors il est *nécessaire* que P. En (16), il prédique la possibilité d'(in)existence
de P. L'unipersonnel accuse la distance modale prise par l'énonciateur vis-à-
vis des propositions modalisées.

2. Le travail sémantique sur les verbes modaux

Quatre centres d'intérêt dominent le traitement sémantique des verbes
modaux dans les écrits de Bernard Pottier : l'organisation trimorphique des
verbes modaux, les modalités intégrées et intégrantes, la visualisation du
parcours modal, la polysémie des verbes modaux. C'est par le traitement des
modalités complexes intégrées que se distingue une approche pottiérienne de
la polysémie des verbes modaux (§ 2.2.). C'est pourquoi on ne réservera pas
de section particulière à la polysémie, généralement identifiée comme
phénomène discursif de rassemblement d'effets de sens multiples sous un
signifiant unique (1974 : 161-162 ; 1976 : 39-41, 43, 45-46 ; 1980 : 68-69,
78, 1987a : 201-205 ; 1992 : 207-208).

2.1. L'hypothèse du schème trimorphique cognitivo-conceptuel

Selon Bernard Pottier (1997 : 331-341 ; 1998a : 7-21), l'organisation
sémantique des langues naturelles est déterminée au plus profond du niveau
conceptuel par un mécanisme continu dont la morphologie ternaire
systématise les expressions langagières ressortissant aux catégories
sémantico-conceptuelles et aux notions métalinguistiques qui leur sont

corrélées. En l'occurrence, les catégories sémantico-conceptuelles sont les modalités suivantes : existentielle, épistémique, factuelle et axiologique. Les notions métalinguistiques corrélées sont, respectivement, on l'a vu, les suivantes : /être/, /savoir/, /vouloir, pouvoir, devoir/ et /valoir/.

2.1.1. Modalité existentielle ontique /être/ (1998a : 9) :

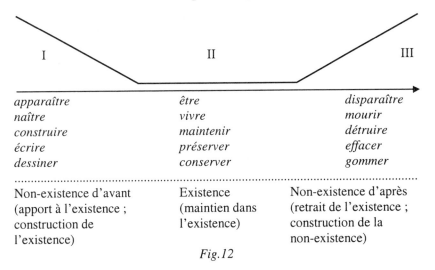

Fig.12

2.1.2. Modalité épistémique /savoir/ (1980 : 75-77 ; 1987a : 202-203 ; 1992 : 54-55, 57 ; 1994 : 18, 38 ; 1998a : 11) :

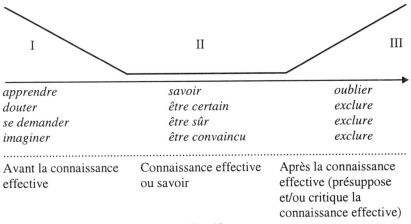

Fig.13

2.1.3. Modalité factuelle /vouloir-pouvoir-devoir/ (1980 : 72 ; 1987a : 203-205 ; 1992 : 216) :

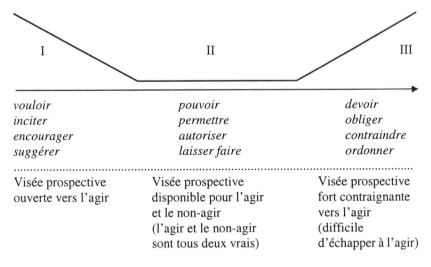

vouloir	pouvoir	devoir
inciter	permettre	obliger
encourager	autoriser	contraindre
suggérer	laisser faire	ordonner

Visée prospective	Visée prospective	Visée prospective
ouverte vers l'agir	disponible pour l'agir	fort contraignante
	et le non-agir	vers l'agir
	(l'agir et le non-agir	(difficile
	sont tous deux vrais)	d'échapper à l'agir)

Fig.14

2.1.4. Modalité axiologique /valoir/ (1980 : 78 ; 1998a : 12) :

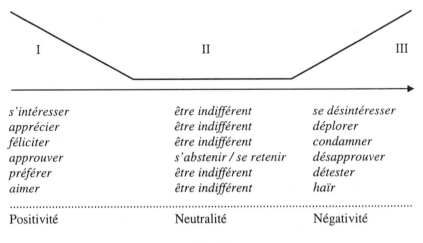

s'intéresser	être indifférent	se désintéresser
apprécier	être indifférent	déplorer
féliciter	être indifférent	condamner
approuver	s'abstenir / se retenir	désapprouver
préférer	être indifférent	détester
aimer	être indifférent	haïr

| Positivité | Neutralité | Négativité |

Fig.15

Les figurations qui précèdent amènent plusieurs remarques :

(i)   Le trimorphe est un support instrumental de systématisation. En l'occurrence, il organise chronologiquement les verbes modaux selon une visée variant d'une phase à l'autre, et par rapport à un repère chaque fois constant : /l'existence/, /le savoir/, /l'agir/, /le valoir/.

(ii)   Chaque phase du trimorphe ouvre un paradigme verbo-modal à l'intérieur duquel le principe fédérateur est l'isosémie, c'est-à-dire l'itération d'un sème commun aux unités constitutives du paradigme (1992 : 57 ; 1995a : 39). Voici la liste des sèmes fédérateurs para-digmatiques : non-existence d'avant, existence, non-existence d'après ; avant la connaissance effective, connaissance effective, après la connaissance effective ; visée prospective ouverte vers l'agir, l'agir et le non-agir sont tous deux vrais, difficile d'échapper à l'agir ; positivité, neutralité, négativité.

(iii)   Les locutions verbales (*être certain, être sûr, être convaincu, laisser faire, être indifférent*) fonctionnant dans le même cadre que les formes verbales simples (*savoir, pouvoir, se retenir, s'abstenir*) sont des syntactèmes verbaux (1998b : 229-234). Ils sont temporali-sables, aspectualisables, modalisables. « Si la notion de "système verbal" implique bien un fonctionnement motivé, alors l'étude ne peut se réduire aux formes dites simples » (1998b : 233).

(iv)   Chaque locution peut être replacée dans l'entier trimorphique qui lui sert de support et où sa place en phase I, II ou III est pertinente (1998a : 20).

(v)   En discours, l'énonciateur sémiotise selon la meilleure adéquation sémique, la phase qui convient le mieux à sa visée (1997 : 332-341 ; 1998a : 18-20).

2.2. Les modalités intégrées et les modalités intégrantes

Les termes de modalité intégrée et de modalité intégrante traduisent l'idée que certains verbes modaux se retrouvent inclus (intégrés) dans la structure sémique d'autres verbes (intégrants) qu'ils contribuent à définir entièrement ou partiellement (1980 : 70-73 ; 1987b : 415-420 ; 1992 : 217-218 ; 1994 : 28 ; 1998b : 230-231) :

(17)   *Renoncer* = avoir voulu + ne plus vouloir (modalité factuelle) ;

(18)   *Hésiter* = ne pas savoir si vouloir (ou pouvoir, ou devoir) (modalité épistémique et factuelle) ;

(19)   *Tenter* = vouloir + ne pas savoir si pouvoir (factuelle et épistémique) ;

(20)   *Se décider* = transition du non vouloir à vouloir (modalité factuelle) ;

(21)   *Décevoir* [3]= A croire B être bien ; B faire X ; A juger X être mal (modalité épistémique et axiologique) ;

(22)   *Récidiver* = A savoir : B faire X (X être mal) ; A penser : B ne plus faire X ; B refaire X ; (A dire : B récidiver) (modalité épistémique et axiologique) ;

(23)   *Négliger* = devoir faire X + n'avoir pas fait X + penser que c'est mal (modalité factuelle et axiologique) ;

(24)   *Inciter, encourager, suggérer* = A ne pas vouloir ; B faire que A vouloir (modalité factuelle) ;

(25)   *Permettre, autoriser, laisser faire* = A ne pas pouvoir (sous réserve de permission) ; B faire que A pouvoir (permission octroyée) (modalité factuelle) ;

(26)   *Obliger, contraindre, ordonner* = A ne pas vouloir (ou bien ne pas penser à) ; B faire que A devoir (modalité factuelle et éventuellement épistémique) ;

(27)   *Construire, écrire, dessiner* = X ne pas exister ; A faire exister X (modalité existentielle) ;

(28)   *Détruire, effacer, gommer* = X exister ; A faire que X ne plus exister (modalité existentielle) ;

(29)   *Maintenir, préserver, conserver* = X exister ; A faire que X continuer d'exister (modalité existentielle) ;

(30)   *Informer, enseigner* = A ne pas savoir ; B faire que A savoir (modalité épistémique) ;

(31)   *Affirmer, soutenir, confirmer, assurer, certifier, souligner, déclarer* = savoir X + dire X (modalité épistémique).

L'étude des modalités intégrées et des modalités intégrantes présente plusieurs intérêts pour la connaissance sémantique des modaux : (i) Les verbes modaux peuvent fonctionner comme sèmes définitoires ; (ii) Tout verbe dont la combinatoire sémique est *entièrement* composée d'un ou de plusieurs verbes modaux est un verbe modal *pur*, c'est-à-dire *homogène*. Les exemples (17) à (20) en offrent une illustration. (iii) Tout verbe dont la combinatoire sémique est *partiellement* composée d'un verbe modal est un verbe modal *par alliage*, c'est-à-dire non *homogène*, vu que sa combinatoire sémique n'associe pas que des verbes modaux. Les exemples (21) à (31) en offrent une illustration. (iv) Tout verbe modal en fonction de sème définitoire a statut d'unité sémantique simple, intégrée dans une unité sémantique complexe, synthétique. A ce titre, il a aussi statut sémantique de primitif modal. (v) L'explicitation de la structure sémique d'un verbe modal peut aider à la traduction interlinguale dans l'hypothèse où le traducteur ou même la langue cible ne dispose pas de solution linguistique synthétique, équivalente au verbe modal à traduire.

---

[3]   A et B sont des actants.

2.3. La visualisation du parcours modal dans le verbe

Bernard Pottier a hérité de Gustave Guillaume (1919 : 42 ; 1929 : 124 ; 1964 : 51, 230 ; 1973 : 40-42, 93, 210 ; 1982 : 57-58, 136-137) et de René Thom (1968 : 1-24 ; 1970 : 226-248 ; 1983 : 6, 87, 151, 159) le goût de penser en figures les phénomènes sémantiques (1994 : 14-15). C'est tout naturellement qu'il s'est intéressé à la visualisation des parcours modaux (1987b : 416-420). Considérons quelques exemples :

(32)   J'*envisage* de vous prêter cette somme.

Envisager engage un parcours modal orienté vers un Faire que nous nommons P (comme *prêter* cette somme). Le point de visée du *Je,* que nous nommons *v,* accompagne ce parcours. Tous deux (parcours et visée) sont portés par temps T, support absolument nécessaire à tout événement :

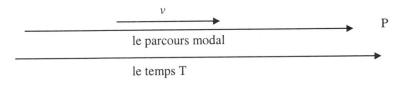

Fig.16

Une glose analytique du parcours modal d'*envisager* pourrait être : Je *pense* qu'*il est possible que* je *veuille bien* P. (modalité épistémique, aléthique et factuelle).

(33)   J'ai *failli* accepter.

Faillir intègre un parcours modal : (i) Je *voulais* accepter (mouvement volitif vers l'acceptation : A) ; (ii) Un fait X a arrêté ce mouvement (ce fait est négatif par rapport au mouvement volitif) ; conséquence obligée : Je n'ai plus *voulu* accepter. Ceci s'est produit peu avant le point de non retour, car un peu plus j'acceptais. Soit figurativement (T étant le support générique temporel, absolument nécessaire à tout événement) :

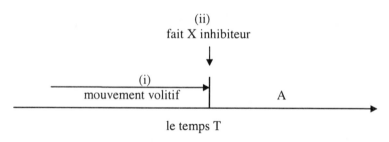

Fig. 17

Faillir recouvre un parcours modal complexe : vouloir (factuelle), X jugé négatif (axiologique), ne plus vouloir (factuelle).

(34)   J'ai *négligé* de le lui dire.

Le parcours modal intégré est : (i) Je *devais* faire D (*le lui dire* ; modalité factuelle) ; (ii) Par négligence, inhibitrice, je *ne l'ai pas fait* et je *pense* que *c'est mal* (modalité existentielle, épistémique et axiologique). Soit figurativement (T étant le support générique temporel, absolument nécessaire à tout événement) :

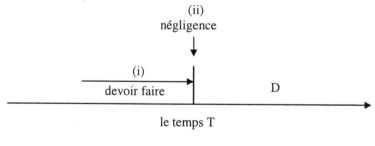

Fig. 18

Remarque : Les représentations visualisées montrent plus clairement les parcours modaux que les formules d'inspiration logique. Elles ont l'avantage de manifester le temps nécessaire, support continu de tout événement.

3. Conclusion

Dans les écrits de Bernard Pottier, l'étude de la modalité et des verbes modaux ressortit théoriquement à une approche onomasiologique. Dès le départ, on l'a vu (§ 1), il postule l'existence d'un système de catégories et de notions modales universelles, de nature sémantico-conceptuelle, permissif de la multiplicité et de la diversité des expressions linguistiques modales, possibles et imaginables. Cette option onomasiologique favorise sous sa plume un traitement étendu des verbes modaux : (i) Les verbes modaux ne se réduisent pas à une série limitée de verbes qu'on étudie toujours (vouloir, pouvoir, devoir, savoir, falloir, croire). Toute lexie verbale simple (par exemple *douter*) ou complexe (par exemple *se demander si*), traduisant linguistiquement une notion sémantico-conceptuelle (en l'occurrence /savoir/), et par conséquent une catégorie sémantico-modale (en l'occurrence *épistémique*), est un verbe "modal". (ii) Les notions modales s'organisent sémiologiquement en familles isosémiques disponibles pour l'énonciateur. Celui-ci en exploite précisément les ressources en fonction de ses visées énonciatives particulières. (iii) Il existe des verbes modaux sémantiquement complexes. L'analyse sémique de ces verbes révèle des primitifs modaux. Elle renouvelle aussi l'approche polysémique des verbes modaux en considérant ceux-ci en amont, avant même leur emploi en discours. En plus, elle peut aider à la traduction interlinguale si le traducteur ou la langue cible ne dispose pas de solution linguistique synthétique, équivalente au verbe modal à traduire. (iv) La visualisation des parcours modaux montre les dynamismes et les saisies sous-jacents aux choix lexémiques de l'énonciateur.

Références

GUILLAUME, G., 1919, *Le problème de l'article et sa solution dans la langue française*, Paris, Hachette, p. 42.

GUILLAUME, G., 1929, *Temps et verbe. Théorie des aspects, des modes et des temps*, Paris, Champion, p. 124.

GUILLAUME, G., 1964, *Langage et science du langage*, Paris / Québec, Klincksieck / Presses de l'Université Laval, p. 230.

GUILLAUME, G., 1973, *Principes de linguistique théorique*, Paris / Québec, Klincksieck / Presses de l'Université Laval, p. 210.

GUILLAUME, G., 1982, *Leçons de linguistique 1956-57*, vol.5, Lille/Québec, Presses universitaires / Presses de l'Université Laval, p. 57-58 ; 136-37.

POTTIER, B., 1974, *Linguistique générale. Théorie et description*, Paris, Klincksieck, p. 158-187.

POTTIER, B., 1976, « Sur la formulation des modalités en linguistique », *Langages*, 43, p. 39-46.

POTTIER, B., 1980, « Sur les modalités », *In:* JOLY, A. (éd.), 1980, *La psychomécanique et les théories de l'énonciation*, Lille, Presses universitaires, p. 67-78.

POTTIER, B., 1983, « Chronologie des modalités », *In:* DAVID, J. &
    KLEIBER, G. (éds.), 1983, *La notion sémantico-logique de modalité*,
    Paris, Klincksieck, p. 55-63.

POTTIER, B., 1987a, *Théorie et analyse en linguistique*, Paris, Hachette,
    p. 201-209.

POTTIER, B., 1987b, « Modalités complexes intégrées », *In:* ARHAMMAR,
    N. e.a. (éds.), 1987, *Aspects of Language. Studies in honour of Mario
    Alinei*, II, Amsterdam, Rodopi, p. 415-421.

POTTIER, B., 1992, *Sémantique générale*, Paris, PUF, p. 204-223.

POTTIER, B., 1994, « Les schèmes mentaux et la langue », *Modèles
    linguistiques*, XV : 2, p. 7-50.

POTTIER, B., 1995a, « Le fonctionnement "normal" du langage », *In:*
    POTTIER, B. e.a. (éds.), 1995, *Aphasies et langage*, Montpellier,
    Espaces, 34, p. 7-44.

POTTIER, B., 1995b, « Lexies de détermination, aspect et modalité », *In:*
    Estudis de linguistica i filologia oferte a Antoni M. Badia i Margarit, II,
    Barcelona, Montserrat, p. 169-173.

POTTIER, B., 1996, « Débat avec Bernard Pottier », *La linguistique*, 32,
    p. 143-176.

POTTIER, B., 1997, « Les étapes énonciatives », *In:* KLEIBER, G. &
    RIEGEL, M. (éds.), 1997, *Les formes du sens. Etudes de linguistique
    française, médiévale et générale offertes à Robert Martin*, Louvain-la-
    Neuve, Duculot, p. 331-341.

POTTIER, B., 1998a, « Activités mentales et structures linguistiques », *In:*
    CARON, B. (éd.), 1998, *Proceedings of the XVIth International
    Congress of Linguists*, Oxford, Elsevier science, Paper reference: P6,
    p. 1-23.

POTTIER, B., 1998b, « Le système verbal et les modalités discursives », *In:*
    ENGLEBERT, A. e.a. (éds.), 1998, *La ligne claire. De la linguistique à
    la grammaire. Mélanges offerts à Marc Wilmet*, Paris / Bruxelles,
    Duculot, p. 229-234.

POTTIER, B., sous presse, *Représentations mentales et catégorisations
    linguistiques*, Louvain / Paris, Peeters.

THOM, R., 1968, « Topologie et signification », *L'Age de la science*, 4,
    p. 1-24.

THOM, R., 1970, « Topologie et linguistique », *In:* HAEFLIGER, A. &
    NARASIMHAN, R. (éds.), 1970, *Essays on topology and related
    topics. Mémoires dédiés à Georges Rham*, Berlin / Heidelberg / New
    York, Springer, p. 226-248.

THOM, R., 1983, *Paraboles et catastrophes*, Paris, Flammarion, p. 6, 87,
    151, 159.

La place du verbe modal *pouvoir* dans une typologie des modalités

Nicole LE QUERLER
Université de Caen – CRISCO

0. Introduction

L'objet de cette étude est double : tout d'abord proposer une conception polysémique de la signification du verbe *pouvoir* autour d'un noyau de base sous-déterminé, ensuite montrer comment cette conception s'inscrit dans une typologie des modalités organisée autour du sujet énonciateur en trois grands domaines de modalisation (modalisation subjective, modalisation intersubjective, modalisation objective). Cette typologie et cette conception de la polysémie de *pouvoir* autour d'une valeur de base sous-déterminée sont celles que j'ai proposées dans mon ouvrage *Typologie des modalités* [1]. Il s'agit ici d'une présentation synthétique de ces deux analyses, qui souligne le lien entre la polysémie de *pouvoir* et le système typologique des modalités.

1. La polysémie de *pouvoir*
1.1. *Pouvoir* dans les études existantes

Il ne s'agira pas de viser à l'exhaustivité. Il s'agira de présenter quelques exemples de différents types de traitement de la polysémie de *pouvoir*, en y associant parfois les études des modaux anglais équivalents, *can* et *may*.

Pour *pouvoir* comme pour *devoir* en français, pour *can, may, must* en anglais, on oppose souvent [2] la modalité déontique d'une part, par exemple *Il peut venir* au sens de "il a la permission ou la possibilité matérielle de venir" ou *Il doit venir* au sens de "il est obligatoire qu'il vienne" et la modalité épistémique d'autre part, par exemple *Il peut venir* au sens de "il vient peut-être" ou *Il doit venir* au sens de "il est sans doute en train de venir".

Pour ce qui concerne *pouvoir* en particulier, cinq valeurs (*capacité, permission, possibilité matérielle, éventualité* et *sporadicité*) ont été étudiées depuis longtemps par un certain nombre d'auteurs. Jean-Pierre Sueur a

---

[1]   Le Querler (1996b). Sur les modalités, *cf.* aussi Le Querler (1994, 1995, 1996a). Sur *pouvoir*, *cf.* Le Querler (1989a et 1989b).

[2]   Voir par exemple Groussier (1985), Tasmowski & Dendale (1994), van der Auwera & Plungian (1998). Voir aussi, dans ces deux derniers articles, la notion d'évidentialité inférentielle pour *devoir* et / ou *pouvoir* épistémiques.

© *Cahiers Chronos* 8 (2001) : 17-32.

regroupé les quatre premières en deux grands groupes, qu'un certain nombre de critères syntaxiques distingue [3] :

Interprétations I
a- permission : *Il peut venir au cinéma, ses parents l'y autorisent.*
b- capacité : *Il peut venir à pied, sa jambe est déplâtrée.*
c- possibilité : *Il peut venir, puisque la route est déneigée.*

Interprétation II
éventualité :   *Il peut pleuvoir en Angleterre en ce moment.* (glose : "il se
                   peut qu'il pleuve en Angleterre en ce moment")

Les interprétations I sont les interprétations radicales, l'interprétation II est l'interprétation épistémique, et un certain nombre de critères syntaxiques opposent ces deux types d'interprétations. Une distinction irréductible est donc établie entre interprétations I et interprétation II, et il est précisé qu'on ne peut attribuer simultanément les deux interprétations à une même phrase : on retrouve l'opposition déontique-épistémique vue précédemment. Or on verra plus loin que dans certains contextes *pouvoir* peut aussi bien être interprété selon une valeur radicale que selon une valeur épistémique : le degré d'indétermination dans l'interprétation du modal est alors maximum.

D'autres auteurs s'attachent à mettre en lumière les superpositions de sens dans la signification de *pouvoir* ou de ses équivalents anglais : Paul Larreya [4] en particulier met en évidence, pour *can* et *may*, les recouvrements entre les différentes valeurs de chacun des deux verbes d'une part, et pour un verbe par rapport à l'autre d'autre part. Il dégage [5] pour *can* cinq valeurs différentes (capacité / possibilité matérielle, possibilité morale, implication, caractéristique occasionnelle, et une valeur épistémique, la possibilité logique), et trois pour *may* (épistémique, possibilité morale et possibilité matérielle), en insistant sur le fait que les frontières sont floues entre ces valeurs, et qu'elles se recouvrent souvent partiellement. E. Gilbert [6] souligne également le fait que les différentes valeurs d'un même verbe modal ne cloisonnent pas sa signification en tranches irréductibles, et que d'autre part il existe des cas de quasi-équivalence entre *can* et *may, could* et *might.* Les trois verbes modaux *may, must* et *can* marquent une opération unique, et ce sont des éléments particuliers du contexte qui spécifient telle ou telle valeur pour une occurrence de l'un d'entre eux.

---

[3]   Sueur (1977, 1979, 1983).
[4]   Larreya (1984, 1997, 1998).
[5]   Larreya (1984).
[6]   Gilbert (1987).

On trouve pour les modaux anglais le même souci d'unification chez M. Perkins, qui se propose d'adopter une conception monosémantique des modaux anglais, et d'isoler pour chacun un seul sens de base (core-meaning), indépendamment du contexte où il est utilisé [7]. Il propose même le même noyau sémantique pour *can* et pour *may*, la non-exclusion, notée par la formule suivante :

K (C *does not preclude* X) [8]
K (C *n'exclut pas* X)

où X est l'occurrence d'un événement dans une interprétation dynamique ou déontique, ou bien la vérité d'une proposition dans une interprétation épistémique, K un ensemble de lois (naturelles, rationnelles, sociales), et C un ensemble de circonstances. Les différentes valeurs de *can* et de *may* sont représentées par cette formule en faisant varier K, C, et X. Par exemple dans *You can go now*, K représente les lois sociales, C une source déontique (une personne ou une institution qui donne la permission), et X l'occurrence de l'événement (*aller*).

L'avantage de cette formule est de nettement rejeter du côté du contexte et des circonstances les variations qui sont souvent analysées comme appartenant constitutivement au sens de *pouvoir*. Elle permet aussi une variété étendue d'effets de sens différents, qui ne sont pas répertoriés comme des valeurs séparées du modal.

La cinquième valeur canonique de *pouvoir* est la valeur *sporadique*. Cette valeur sporadique est apparue dans la littérature sur *pouvoir* avec un article de J. Boyd et J.P. Thorne [9]. Et Georges Kleiber [10] en développe l'analyse à partir des exemples suivants :

Les Alsaciens *peuvent* être obèses.
Jean *peut* être odieux.

Dans ces énoncés, *pouvoir* joue le rôle d'un adverbe tel que *parfois*. L'énoncé *Les Alsaciens peuvent être obèses* s'interprète dans ce sens comme "Les Alsaciens sont parfois obèses", et *Jean peut être odieux* comme "Jean est parfois odieux". *Parfois* n'a pas la même valeur dans les deux énoncés : il s'agit dans *Les Alsaciens peuvent être obèses* d'une sporadicité référentielle

---

[7]   Perkins (1982 : 245).
[8]   Perkins (1982 : 253).
[9]   Boyd & Thorne (1969).
[10]   Kleiber (1983).

("certains Alsaciens sont obèses") et dans *Jean peut être odieux* d'une sporadicité temporelle ("Jean est odieux à certains moments").

1.2. Le sémantisme de *pouvoir* : noyau de base, effets de sens, portée

Je propose d'envisager le sémantisme de *pouvoir* comme s'organisant autour d'une valeur de base sous-déterminée à laquelle l'interprétation peut en rester, si aucun élément du contexte ne permet de préciser le sens du modal. A l'opposé, des contextes très particuliers peuvent permettre d'attribuer à *pouvoir* une valeur surdéterminée. Entre ces deux extrêmes, l'interprétation de *pouvoir* peut se situer à un niveau intermédiaire de détermination ; il s'agit d'une interprétation en deux grands blocs différents selon qu'on comprend la modalité du possible comme portant sur la relation entre le sujet et le prédicat (modalité intra-prédicative), ou sur l'ensemble de l'énoncé (modalité extra-prédicative).

1.2.1. Un noyau de base sous-déterminé

Dans un énoncé extrait de corpus, il est le plus souvent bien difficile d'attribuer à *pouvoir* l'une des étiquettes définies ci-dessus : l'interprétation du modal en reste souvent à un certain niveau d'indétermination. Pour un grand nombre d'occurrences du modal, aucune étiquette ne convient, ou bien au contraire plusieurs conviennent tout à fait, à condition de restituer mentalement un contexte : dans l'énoncé lui-même, la possibilité est assertée, sans que le contexte permette au sujet interprétant d'en connaître la source par exemple, ni même de décider à coup sûr qu'il s'agit d'un *pouvoir* épistémique ou sporadique.

Ainsi la valeur de *pouvoir* dans l'exemple suivant me semble être sa valeur de base sous-déterminée :

On *a pu* voir hier le premier ministre au Salon de l'Agriculture.

Ce type d'énoncé est couramment utilisé dans la presse, écrite ou orale, pour signifier quelque chose comme "le premier ministre a visité hier le Salon de l'Agriculture" : on ne peut attribuer à *pouvoir* aucune des étiquettes canoniques, en tout cas si on interprète le pronom sujet *on* comme générique. Dans cet énoncé, l'interprétation du sujet peut cependant orienter celle de *pouvoir* selon l'une des valeurs définies ci-dessus. Si en effet on interprète *on* comme un *nous* renvoyant à un référent pointé ("Paul et moi", ou "notre groupe syndical" par exemple), alors *pouvoir* est interprété selon une valeur de possibilité matérielle ou de permission : "nous avons été en mesure de rencontrer le premier ministre" ou "nous avons été autorisés à le rencontrer". Si le sujet n'est pas *on*, mais *je*, le référent est obligatoirement pointé, et *pouvoir* est interprété comme un *pouvoir* de possibilité matérielle ou de permission :

J'ai pu voir hier le premier ministre au Salon de l'Agriculture.

Mais en l'absence d'un contexte spécifiant le sujet, on ne peut attribuer à *pouvoir* qu'une valeur sous-déterminée. Je proposerai d'appeler *possibilité abstraite* cette valeur sous-déterminée, noyau de base (assez pauvre) de la signification de *pouvoir* : la possibilité est assertée, sans aucun élément pour déterminer sa source ou sa portée, on le verra plus loin.

Ainsi, un énoncé minimum, hors contexte, comme *Pierre peut venir* n'asserte rien d'autre que la possibilité de la venue de Pierre, et toute valeur particulière attribuée au modal l'est en ajoutant mentalement un contexte à cet énoncé, selon qu'on imagine par exemple une source précise à la possibilité, ou une attitude particulière du locuteur par rapport à son assertion (incertitude par exemple).

Je propose donc de retenir comme valeur de base de *pouvoir* la valeur de possibilité abstraite. Cette valeur est parfois la seule qu'on peut attribuer à *pouvoir*. Mais parfois aussi, certains paramètres contextuels orientent l'interprétation du modal vers telle ou telle valeur plus déterminée.

1.2.2. Des effets de sens dus à un contexte particulier

Dans certains contextes très particuliers, on peut, au terme du processus interprétatif, attribuer à *pouvoir* une valeur déterminée. Mais ce n'est pas le cas le plus fréquent.

Certaines de ces valeurs surdéterminées ont été analysées depuis longtemps, on l'a vu précédemment, et j'utiliserai, pour les désigner, les étiquettes habituelles, avec les gloses suivantes :

• *la capacité* :
 "les qualités du sujet lui permettent de..."
• *la permission* :
 "X animé permet au sujet de..."
• *la possibilité matérielle* [11] :
 "les conditions matérielles permettent au sujet de"
• *l'éventualité* :
 "peut-être que..." (valeur épistémique)

---

[11] C'est la valeur que Sueur appelle "possibilité". Mais cette appellation convient en fait à toutes les valeurs de *pouvoir*, et il s'agit ici d'un type particulier de possibilité, celle dont la cause est matérielle.

• *la sporadicité* :
      "il arrive parfois que..."

Certains éléments du contexte permettent par exemple au récepteur de
connaître la source de la possibilité [12], et ainsi d'attribuer à *pouvoir* telle ou
telle valeur :

– source de la possibilité   = qualité du sujet —> capacité
– source de la possibilité   = animé humain —> permission
– source de la possibilité   = conditions matérielles —> possibilité matérielle

D'autres éléments du contexte peuvent permettre au récepteur de
comprendre que le locuteur fait une affirmation sous toutes réserves, et ainsi
d'attribuer à *pouvoir* une valeur épistémique. Mais ces cas sont plutôt rares
dans le discours, et, hors contexte, un énoncé comme *Il peut venir* offre un
large éventail d'interprétations possibles, selon qu'on restitue, réellement ou
mentalement, tel ou tel type de contexte.

D'autres effets de sens sont encore plus difficilement attribuables à
pouvoir seul, et sont la résultante de la prise en compte de l'énoncé dans son
ensemble, voire même d'une partie plus large du discours, ou encore de la
situation de communication :

• *la concession* :
      Elle *peut* pleurer, en tout cas je n'irai pas la voir.
• *la délibération* :
      Je me demande où j'ai *pu* lire ça.
• *la suggestion de faire* :
      Vous *pouvez* venir demain soir, si ça vous dit.
• *la justification de la relation prédicative* :
      A cette heure-ci, il *peut* être fatigué, ce bébé !
• *l'intensification* :
      Ce qu'elle *peut* être agaçante !
      Ce que ça *peut* être ennuyeux de dîner en ville ! [13]

Dans tous ces énoncés, *pouvoir* n'est pas le seul élément dans l'énoncé à
marquer l'effet de sens souligné : *en tout cas* marque aussi la concession, *je*

---

[12]   La source de la possibilité n'est pas le sujet de *pouvoir*, mais l'élément, humain
        ou non, qui permet au sujet d'accomplir le procès.
[13]   M. Proust, *A la recherche du temps perdu*, tome IV, p. 243. Cet exemple est un
        exemple cité par Damourette & Pichon (1911-1940 : tome V, § 1699), qui
        analysent cette valeur de *pouvoir* comme « une nuance sémantique spéciale que
        nous avons vue apparaître et prendre une grande extension aux environs de 1910
        et qui s'est maintenue depuis ».

me demande la délibération, *si ça vous dit* la suggestion de faire, *à cette heure-ci* la justification de la relation prédicative, *ce que* l'intensification. Et ce double marquage de l'effet de sens autorise d'ailleurs l'équivalence de la plupart de ces énoncés avec les mêmes énoncés sans *pouvoir* :

> Je me demande où j'ai lu ça.
> Vous venez demain, si ça vous dit.
> Ce qu'elle est agaçante ! [14]

Entre ces deux extrêmes, indétermination maximale et surdétermination par le contexte, l'interprétation de *pouvoir* en reste parfois à un niveau moyen d'indétermination : les interprétations se répartissent en deux grands blocs, le bloc intra-prédicatif et le bloc extra-prédicatif, que seule distingue la portée du verbe modal.

1.3. Interprétations intra-prédicatives et interprétations extra-prédicatives

Pour la modalité du possible, certains marqueurs sont syntaxiquement extra-prédicatifs : *il est possible que, il se peut que.* D'autres marqueurs sont parfois syntaxiquement intra-prédicatifs, parfois syntaxiquement extra-prédicatifs ; l'adverbe *peut-être* par exemple est syntaxiquement intra-prédicatif dans :

> Il téléphonera *peut-être* ce soir.

et syntaxiquement extra-prédicatif dans :

> *Peut-être* qu'il téléphonera ce soir.

alors que sémantiquement il est toujours extra-prédicatif : la modalité épistémique porte, de l'extérieur, sur l'ensemble du contenu propositionnel. Quant à *pouvoir*, il est toujours syntaxiquement intra-prédicatif quand il est à une forme personnelle non réflexive alors que sémantiquement sa portée est tantôt intra, tantôt extra-prédicative (il porte tantôt sur la relation entre le sujet et le verbe, tantôt sur l'ensemble de l'énoncé) [15].

---

[14] Sur l'équivalence entre énoncés avec et sans *pouvoir*, voir Le Querler (1989b).
[15] Sur la portée d'un élément dans la phrase, voir Guimier (1988 et 1996), qui distingue incidence syntaxique et portée sémantique, et Le Querler (1993). La portée intra ou extra-prédicative peut être comparée à la portée *de re* et la portée *de dicto* des philosophes du Moyen-Age : *cf.* Abélard et d'Aquin, et, pour le commentaire de ces notions, Kneale & Kneale (1962), ainsi que Gardies (1979

Cette portée n'est pas toujours décidable : dans certains énoncés, soit les deux interprétations sont possibles, soit le choix entre l'une ou l'autre importe peu pour l'interprétation de l'énoncé. La valeur de *pouvoir* est alors sa valeur de base sous-déterminée, la possibilité abstraite. Il en est ainsi dans l'énoncé analysé précédemment :

On *a pu* voir hier le premier ministre au Salon de l'Agriculture.

Cet énoncé peut être compris comme "il s'est trouvé qu'on a vu... etc." ou comme "peut-être qu'on a vu hier..." (*pouvoir* extra-prédicatif). Mais il peut aussi, si on interprète *on* comme ayant un référent pointé, être compris comme "on a eu les moyens de voir... etc.", "on a réussi à voir..." (*pouvoir* intra-prédicatif). Si le référent du sujet n'est pas pointé, la possibilité est assertée de façon abstraite, sans qu'aucun élément du contexte permette de décider de la portée de cette possibilité. Dans cet énoncé, la source de la possibilité n'est pas déterminée ; et d'ailleurs quand la source est déterminée, la portée l'est aussi : si on est capable de dire, d'après le contexte, que *pouvoir* est un *pouvoir* de capacité, de permission ou de possibilité matérielle, il est intra-prédicatif. En effet, de façon générale, quand on peut attribuer à *pouvoir* une valeur surdéterminée, on est capable de dire s'il s'agit d'une modalité intra- ou extra-prédicative. On peut utiliser un test qui permet de décider si la modalité est intra ou extra-prédicative : si un énoncé modalisé avec *pouvoir* est paraphrasable par un marqueur syntaxiquement extra-prédicatif, c'est que sémantiquement la portée de *pouvoir* est extra-prédicative, comme on va le voir dans les exemples suivants. Si au contraire un énoncé est paraphrasable par un marqueur syntaxiquement intra-prédicatif, c'est que sémantiquement sa portée est intra-prédicative.

1.3.1. Effets de sens intra-prédicatifs

Les effets de sens classiquement appelés radicaux (permission, capacité, possibilité matérielle) sont intra-prédicatifs :

• *la permission* :
Ses parents sont d'accord, il *peut* prendre la voiture.

Dans les paraphrases acceptables, la modalité est intra-prédicative :

Il est autorisé à prendre la voiture.
Il a l'autorisation de prendre la voiture.

---

et 1983). Pour une étude synthétique des modalités en logique, voir Le Querler (1996b).

• *la capacité* :
> Je lui ai donné tous les éléments dont il avait besoin, il *peut* sans problème remplir le dossier tout seul.

Là encore, dans les paraphrases acceptables, la modalité est intra-prédicative :

> Il a les moyens de remplir le dossier tout seul.
> Il est capable de remplir le dossier tout seul.

• *la possibilité matérielle* :
> L'échelle est assez haute, il *peut* atteindre la gouttière.

Seule une paraphrase où la modalité est intra-prédicative est possible :

> Il a les moyens d'atteindre la gouttière.
> Il a la possibilité d'atteindre la gouttière.

Pour ces trois effets de sens, la possibilité est interne à la relation prédicative. On peut schématiser ainsi la portée de la modalité :

> Sujet – Possibilité – Verbe
> (pour *pouvoir* intra-prédicatif)

1.3.2. Effets de sens extra-prédicatifs

Au contraire, l'effet de sens épistémique et l'effet de sens sporadique sont nettement extra-prédicatifs :

• *épistémique* :
> Elle *peut* avoir mal compris.

interprété comme "elle a peut-être mal compris" est paraphrasable par :

> Il se peut qu'elle ait mal compris.
> Peut-être qu'elle a mal compris.

Le locuteur asserte sous toutes réserves l'ensemble du contenu propositionnel.

• *sporadique* :

L'effet de sens sporadique autorise également une paraphrase avec un marqueur syntaxiquement extra-prédicatif :

> Ils *peuvent* être tout à fait charmants.
> Il arrive parfois qu'ils soient tout à fait charmants.

Les autres effets de sens autorisent presque tous une paraphrase avec un marqueur syntaxiquement extra-prédicatif, même si les paraphrases sont moins proches, et admises avec moins de certitude et d'unanimité que pour l'effet de sens épistémique, sans doute parce que l'effet de sens est attribuable non pas à *pouvoir* seul, mais à l'énoncé dans son ensemble :

• *concessif* :
> Elle *peut* pleurer, en tout cas je n'irai pas la voir.
> Peut-être qu'elle va pleurer, en tout cas je n'irai pas la voir.

• *délibératif* :
> Je me demande comment il *a pu* faire.
> Je me demande comment il se peut qu'il ait fait ça.

• *justification de la relation prédicative* :
> Il *peut* être bon, à ce prix-là.
> Heureusement / encore heureux qu'il est (soit) bon, à ce prix-là.

• *suggestion de faire* :
> Vous *pouvez* venir demain si ça vous dit.
> Je suggère que vous veniez demain si ça vous dit.

• *intensification* :
> Ce qu'il *peut* être agaçant !
> Je trouve qu'il est vraiment particulièrement agaçant.

Pour tous ces effets de sens, la portée de la modalité peut se schématiser par :

> Possibilité →[Sujet-Verbe]
> (pour *pouvoir* extra-prédicatif)

La possibilité porte, de l'extérieur, sur la relation sujet-verbe : elle est extra-prédicative.

Aucun de ces effets de sens n'est possible si *pouvoir* est négatif [16]. En effet,

> Elle ne *peut* pas se déplacer.

ne peut pas être interprété comme épistémique. L'énoncé

> ? Elle ne *peut* pas se déplacer, je n'en sais rien.

et les autres effets de sens extra-prédicatifs sont difficiles quand *pouvoir* est à la forme négative ; la transformation à la forme négative donne des énoncés difficilement acceptables :

> ? Elle ne *peut* pas pleurer, en tout cas je n'irai pas la voir.

ou bien oriente autrement l'interprétation du modal ; l'énoncé

> Il ne *peut* pas être bon, à ce prix là.

ne peut pas être interprété selon l'effet de sens justification de la relation prédicative ; il est plutôt interprété comme intra-prédicatif : "il n'a pas les moyens d'être bon, à ce prix-là", "on n'a pas les moyens nécessaires pour fabriquer du bon vin, à ce prix-là".
De même dans

> Je me demande comment il n'a pas *pu* faire ça.

pouvoir n'est pas interprété selon l'effet de sens délibératif, mais selon l'effet de sens capacité : "je me demande comment il se fait qu'il n'ait pas réussi à faire ça".
Pouvoir à la forme négative ne peut donc pas être interprété comme extra-prédicatif.

2. *Pouvoir* et les autres modalités
2.1. Quatre types de modalités

Face à la "nébuleuse" [17] des modalités, une tentative de classement s'avère nécessaire. Celui que j'ai proposé dans ma *Typologie des modalités* part d'une définition de la modalité centrée sur le sujet énonciateur ; la modalité étant définie comme l'expression de l'attitude du locuteur par rapport au contenu propositionnel de son énoncé, le classement proposé s'organise

---

[16]   Sur *pouvoir* et la négation, voir Garnier (1989) et Suh (1992).
[17]   *Cf.* Meunier (1981).

autour du sujet énonciateur, en trois grands domaines de modalisation, dont le premier se subdivise en deux types de modalités :

- **la modalisation subjective,** qui marque le rapport que le sujet énonciateur entretient lui-même avec le contenu propositionnel de son énoncé ; ce sont les *modalités épistémiques*, qui marquent le degré de certitude du locuteur sur le contenu propositionnel de son énoncé (*Il paraît qu'elle est déjà là ; Peut-être qu'elle est déjà là*), et les *modalités appréciatives*, qui marquent l'appréciation positive ou négative du locuteur sur le contenu propositionnel (*Malheureusement, elle est déjà arrivée ; Je me réjouis qu'elle soit déjà là ; Heureusement qu'elle est arrivée à temps*) ;

- **la modalisation intersubjective,** qui marque le rapport que le sujet énonciateur entretient avec un autre sujet à propos du contenu propositionnel de son énoncé : ce sont les *modalités intersubjectives* (*Sortez ! Je vous demande de sortir ; Veuillez sortir s'il vous plaît ; J'exige que vous sortiez*)

- et **la modalisation objective,** qui marque le rapport que le sujet énonciateur établit entre le contenu propositionnel de son énoncé et des réalités objectives : ces modalités sont les *modalités implicatives* (*Si vous sortez, on ne peut plus rien faire ; Pour sortir, assurez-vous qu'il n'y a pas de problème*).

2.2. *Pouvoir* et les quatre types de modalités

Pour mettre en évidence les liens entre le sémantisme de *pouvoir* et les grands domaines de la modalisation, je passerai en revue les différents types de modalités en y associant les différents effets de sens de *pouvoir* présentés dans la première partie de cette étude. La méthode sera simple : pour chacun des exemples-types de ces effets de sens, je produirai une paraphrase utilisant un marqueur canonique de la modalité concernée.

2.2.1. Modalité épistémique

L'effet de sens épistémique de *pouvoir* se rattache évidemment à ce premier type de modalités. Deux autres effets de sens, l'effet de sens délibération et l'effet de sens sporadique, peuvent aussi être rattachés à ce premier type de modalités :

• *l'effet de sens épistémique* du modal peut être paraphrasé par des adverbes modaux épistémiques, ou des prédicats épistémiques. *Elle peut être déjà là, je n'en sais rien* peut être paraphrasé par exemple par :

> Elle est peut-être déjà là.
> Elle est sans doute déjà là.
> Il est probable qu'elle est déjà là.
> etc.

• *la délibération* s'inscrit dans le domaine épistémique, marquant le degré de certitude du locuteur par rapport au contenu propositionnel :

> On se demande comment il *a pu* faire.
> Je ne sais pas comment il a fait.

• *l'effet de sens sporadique* peut se rattacher au domaine épistémique ; comme *pouvoir* épistémique, *pouvoir* sporadique est extra-prédicatif, on l'a vu ; la relation prédicative, comme dans la modalité épistémique, a des chances d'être validée comme elle a des chances de ne pas l'être. La validation de la relation prédicative dépend de l'époque où se situe le procès (sporadicité temporelle) ou de la référence attribuée au sujet (sporadicité référentielle).

2.2.2. Modalité appréciative

Trois effets de sens de *pouvoir* sont apparentés à la modalité appréciative :

• *la justification de la relation prédicative* :
> Il *peut* être bon, à ce prix-là.
> Heureusement / encore heureux qu'il est (soit) bon, à ce prix-là.

• *l'intensification* :
> Ce qu'il *peut* être agaçant !
> Je trouve qu'il est particulièrement agaçant.

• *l'effet de sens capacité*, glosé par "les qualités du sujet lui permettent de", est une appréciation de ces qualités par le sujet énonciateur, et peut donc être rattaché à la modalité appréciative. On peut aussi penser que la capacité se rattache à la modalité implicative, dans la mesure où le fait que le sujet possède certaines qualités implique le fait qu'il soit apte à accomplir tel ou tel procès.

2.2.3. Modalité intersubjective

Deux effets de sens de *pouvoir* sont apparentés à la modalité intersubjective :

• *la permission* :
    Firmin, vous *pouvez* prendre votre journée, dit la comtesse.
    Firmin, je vous autorise à prendre votre journée.

• *la suggestion de faire* :
    Tu *peux* passer ce soir si tu veux.
    Je te suggère de passer ce soir.

2.2.4. Modalité implicative

L'effet de sens concessif est nettement implicatif, et l'effet de sens possibilité matérielle peut être rattaché à ce dernier type de modalité :

• *la concession* :
    Elle *peut* pleurer, je n'irai pas la voir.
    Même si elle pleure, je n'irai pas la voir.

• *la possibilité matérielle* :
    L'échelle est assez haute, il *peut* atteindre la gouttière.
    L'échelle est assez haute pour qu'il atteigne la gouttière.

3. Conclusion

Au terme de cette étude, on peut souligner le fait que si les divers effets de sens de *pouvoir* peuvent être regroupés dans tel ou tel domaine de modalisation, il existe de nombreux contextes où l'indétermination de l'interprétation du modal fait que ces différents domaines se superposent, ce qui met en lumière l'existence de zones de recouvrement entre ces domaines de modalisation.

Références

ABELARD, P., *Glossae super Peri ermeneias*, In: GEYER, B. (éd.), *Peter Abaelards Philosophische Schriften*, Münster, Aschendorff, 1973, p.111-305.
AQUIN, T. d', *De modalibus opusculum et doctrina*, I.M. Bochenski O.P., Romae, Angelicum, XVII, 1940.

BOYD, J. & THORNE, J. P., 1969, « The deep grammar of modal verbs », *Journal of Linguistics*, 5, p. 57-74.

BOYD, J. & THORNE, J. P., 1974, « La sémantique des verbes modaux en anglais », *Langages,* 34, p. 103-121.

DAMOURETTE, J. & PICHON, E., 1911-1940, *Essai de grammaire de la langue française*, Paris, d'Artrey.

DAVID, J. & KLEIBER, G. (éds.), 1983, *La Notion sémantico-logique de modalité,* Paris, Klincksieck.

GARDIES, J. L., 1979, *Essai sur la logique des modalités*, Paris, PUF.

GARDIES, J. L., 1983, « Tentative d'une définition de la modalité », *In:* DAVID, J. & KLEIBER, G. (éds.), 1983, p. 13-24.

GARNIER, G., 1989, « Paramètres énonciatifs et interprétations de *pouvoir* (la négation) », *Langue française*, 84, p. 24-69.

GILBERT, E., 1987, « Grammaire anglaise. *May, must, can* et les opérations énonciatives », Gap, Ophrys. (*Cahiers de recherche en grammaire anglaise,* 3).

GROUSSIER, M.-L., 1985, « A propos de l'ambivalence épistémique / déontique des auxiliaires *must* et *may* », *Modèles linguistiques*, VII, 2, p. 139-155.

GUIMIER, C., 1988, *Syntaxe de l'adverbe anglais*, Lille, Presses Universitaires de Lille.

GUIMIER, C., 1996, *Les Adverbes du français*, Paris, Ophrys.

KLEIBER, G., 1983, « L'emploi "sporadique" du verbe *pouvoir* en français », *In:* DAVID, J. & KLEIBER, G. (éds.), 1983, p. 183-203.

KNEALE, W. & KNEALE, M., 1962, *The development of logic*, Oxford, Clarendon Press.

LARREYA, P., 1984, *Le Possible et le nécessaire*, Paris, Nathan.

LARREYA, P., 1997, « Notions et opérations modales : *pouvoir, devoir, vouloir* », *In:* RIVIERE, C. & GROUSSIER, M.-L. (éds.), 1997, *La Notion*, Paris, Ophrys, p. 156-166.

LARREYA, P., 1998, « *Must, have to* et leurs équivalents français », *Recherches en linguistique étrangère*, 29, p. 325-343.

LE QUERLER, N., 1989a, « Quand *voir*, c'est *pouvoir voir* », *Langue française*, 84, p. 70-82.

LE QUERLER, N., 1989b, Pouvoir*, modalité assertée, modalité implicite*, Thèse de doctorat, Lille, A.N.R.T.

LE QUERLER, N., 1993, « Les circonstants et la position initiale », *In:* GUIMIER, C. (éd.), 1993, *1001 circonstants*, Caen, P.U.C., p. 159-184.

LE QUERLER, N., 1994, « Formes et interprétations des énoncés exclamatifs dans *Le Lys dans la vallée* », *L'Information Grammaticale*, 61, p. 33-37.

LE QUERLER, N., 1995, « Interrogation et exclamation », *Travaux linguistiques du CERLICO*, 8, p. 109-130.

LE QUERLER, N., 1996a, « Les modalités intersubjectives dans *Les égarements du cœur et de l'esprit* de Crébillon », *L'Information Grammaticale*, 69, p. 32-35.

LE QUERLER, N., 1996b, *Typologie des modalités*, Caen, P.U.C.

MEUNIER, A., 1981, « Grammaires du français et modalités. Matériaux pour une nébuleuse », *DRLAV*, 25, p. 119-144 .

PERKINS, M., 1982, « The core-meaning of the english modals », *Journal of Linguistics*, 18, p. 245-273.

SUEUR, J.-P., 1977, « A propos des restrictions de sélection : les infinitifs *devoir* et *pouvoir* », *Linguisticae investigationes*, I, 2, p. 375-409.

SUEUR, J.-P.,1979, « Une analyse sémantique des verbes *devoir* et *pouvoir* », *Le Français moderne*, 47, 2, p. 97-120.

SUEUR, J.-P., 1983, « Les verbes modaux sont-ils ambigus ? », *In:* DAVID, J. & KLEIBER, G. (éds.), 1983, p. 165-182.

SUH, D. Y., 1992, *Les Verbes modaux et la négation en français : les propriétés syntaxiques et les interprétations sémantiques des verbes "devoir" et "pouvoir"*, Thèse de doctorat, Paris X.

TASMOWSKI, L. & DENDALE, P., 1994, « *Pouvoir$_E$* un marqueur d'évidentialité », *Langue française*, 102, p. 41-55.

VAN DER AUWERA, J. & PLUNGIAN, V.A., 1998, « Modality's semantic map », *Linguistic Typology*, 2, p. 79-124.

Que peuvent bien *pouvoir* et *bien* ? [1]

Bart DEFRANCQ

Université de Gand

0. Introduction

L'emploi du verbe *pouvoir* qui fait l'objet de cette analyse figure parmi les plus réfractaires à une classification sémantique traditionnelle. C'est ce que constate par exemple Guimier (1989), à qui j'emprunte les exemples suivants (numérotés 28a-d) :

(1)   Qu'est-ce qu'il *peut* (*bien*) être en train de faire ?
(2)   Où *peut*-il (*bien*) être ?
(3)   Comment *peut*-il (*bien*) accepter cela ?
(4)   Pourquoi *peut*-il (*bien*) vouloir venir à tout prix ?

La nature même de ces exemples suggère que les difficultés d'analyse pourraient être liées à la forme interrogative qu'ils adoptent. Certaines analyses qui ont été proposées (*Cf.* Guimier 1989, Tasmowski & Dendale 1994 et Guillemin-Flescher 1995) n'ont en effet pas manqué de souligner qu'il s'agit dans ces cas d'une interrogative particulière, puisqu'elle ne sollicite pas de réponse de la part d'un interlocuteur et ne sert donc pas à exprimer ce qui s'appelle dans la terminologie de Kerbrat-Orecchioni (1991) un "acte de question". Suivant cette terminologie, il conviendrait donc de ne pas utiliser les termes "question" ou "interrogation" pour désigner les énoncés de (1) à (4), comme certaines analyses antérieures l'ont fait (question exclamative, question ruminative, auto-interrogation), mais de lui préférer le terme "interrogative", qui désigne une entité dotée de certaines propriétés formelles. Comme les deux propriétés formelles les plus saillantes des interrogatives en question sont le verbe *pouvoir* et l'adverbe *bien*, je parlerai désormais d' "interrogatives PB".

Une interrogative qui n'exprime pas l'acte de question se laisse en principe analyser comme une assertion (question rhétorique), un ordre ou une exclamation (dans la mesure où celle-ci n'est pas déjà comprise dans l'assertion). J'essaierai de démontrer sur la base de certaines propriétés que l'interrogative PB est en effet à analyser comme ayant une valeur proche du rhétorique, pour passer ensuite au rôle que jouent *pouvoir* et *bien* dans cette

---

[1]   La recherche présentée a été menée dans le cadre d'un projet dont le financement est assuré par le Fonds de recherche de l'Université de Gand (*Bizonder Universitair Onderzoeksfonds*, GOA n° 12052095).

interprétation. Pour ce faire, j'ai opté pour une approche fondée sur des exemples de corpus, parce qu'ils permettent mieux, grâce au contexte, de saisir le fonctionnement de la structure en question. A mon grand étonnement, l'interrogative PB n'a été retrouvée que dans le corpus écrit que j'ai utilisé (c'est-à-dire tous les numéros du journal Le Monde de 1994). Aucun exemple n'a été relevé dans les corpus oraux rassemblés par le Département de linguistique française de l'Université d'Aix-en-Provence. C'est en soi déjà une indication du caractère particulier de l'interrogative, surtout quand on sait que les corpus oraux consultés sont en grande partie composés d'interviews, où les questions, tout naturellement, abondent.

1. La caractérisation des questions rhétoriques
1.1. Question, assertion et inversion de polarité

La question rhétorique est traditionnellement définie comme une question qui n'en est pas une parce qu'elle ne cherche pas, comme une question normale, à obtenir une réponse de la part d'un interlocuteur, mais suggère elle-même sa réponse. En termes plus théoriques, la question rhétorique est un acte de langage dérivé, c'est-à-dire un acte dont la force illocutoire ne correspond pas à celle qu'un énoncé doté des mêmes propriétés formelles devrait normalement posséder. Sur le plan formel, les questions rhétoriques sont des interrogatives ; sur le plan illocutoire, ce sont des assertions. Il convient toutefois de souligner qu'il n'y a pas de principe unique qui détermine si une interrogative est à interpréter comme une véritable question ou comme une question rhétorique. Dans un contexte approprié, pratiquement toute interrogative peut être interprétée comme l'une ou comme l'autre :

(5)   Combien de fois t'ai-je demandé de fermer la porte ?   (Borillo 1978 : 834)
        > Je veux savoir combien de fois.
        > Je te l'ai dit assez souvent pour que tu le fasses.
(6)   Ai-je besoin de le préciser ?   (= (1) in Borillo 1981 : 2)
        > Je veux savoir s'il faut que je le précise.
        > Je n'ai pas besoin de le préciser.
(7)   Qui le connaît mieux que moi ?   (= (2) in Borillo 1981 : 2)
        > Je veux savoir qui le connaît mieux que moi.
        > Personne ne le connaît mieux que moi.

Les deux derniers exemples illustrent bien l'un des phénomènes les plus intrigants de la question rhétorique, à savoir que la polarité de l'assertion vé-hiculée est très souvent à l'opposé de la polarité de l'interrogative qui la véhi-cule. Ce phénomène a été amplement traité dans e.a. Borillo (1978 et 1981), Anscombre & Ducrot (1981), Diller (1984) et Callebaut (1991). Il semble procéder du fait que la polarité de l'énoncé est questionnée, ce qui met en doute la valeur de vérité correspondante de l'énoncé (Borillo 1981 : 5-6). Si cette hypothèse permet bien de rendre compte de l'effet rhétorique dans les interrogatives totales, il est moins certain qu'elle s'applique aux interrogatives partielles. En effet, il s'agit là bien moins d'une inversion de polarité (a) que de l'annulation du présupposé que véhicule normalement une question partielle (b) (*Cf.* Anscombre & Ducrot 1981) :

(8)   Qui ne serait pas d'accord avec cette définition ?
     a.   * il y a quelqu'un qui serait d'accord avec cette définition.
     b.   il n'y a personne qui ne serait pas d'accord avec cette définition.

Les interrogatives partielles sont d'ailleurs assez souvent écartées des analyses de la question rhétorique (Borillo 1978 et 1981, Anscombre & Ducrot 1981 et Callebaut 1991).

1.2. Certaines caractéristiques formelles

Je ne parlerai ici que de deux propriétés qui peuvent être liées à l'effet rhétorique par le biais de la présupposition. La première concerne l'ordre des mots (Borillo 1978 : 718). On constate en effet que l'inversion du sujet favorise la lecture rhétorique d'une interrogative. Dans les interrogatives partielles, ceci va de pair avec des contraintes concernant la position de l'élément interrogatif. L'élément interrogatif d'une question rhétorique ne peut en effet occuper que la position initiale de la proposition, alors que celui d'une interrogation normale peut se trouver en position initiale et *in situ*, (c'est-à-dire à la position qu'occuperait un syntagme nominal correspondant). Ainsi, dans la paire suivante, seul (10) permet une lecture rhétorique :

(9)   Tu ne connais pas qui ?
(10)   Qui ne connais-tu pas ?

Cette particularité des questions rhétoriques s'explique si l'on admet avec Coveney (1995) que la position des éléments interrogatifs en français est déterminée par la force de la présupposition qu'ils véhiculent. Coveney démontre en effet que les contextes où cette présupposition est forte, l'élément interrogatif tend à se trouver *in situ* (les questions écho, par exemple) et que là où elle est faible, l'élément a plus de chances de se retrouver en position initiale. Or, nous venons de voir que dans une question rhétorique partielle, la présupposition est annulée. Il est donc tout à fait normal que l'élément interrogatif d'une question rhétorique ne puisse se trouver qu'en position initiale.
    La deuxième propriété a trait à la possibilité de focaliser le terme interrogatif. Il est généralement admis que la focalisation d'un élément a pour

corollaire sémantique une présupposition du même type que celle des interrogatives. Ainsi :

(11)   C'est Reagan qu'il ne connaissait pas.

présuppose :

(12)   Il ne connaissait pas quelqu'un.

La focalisation d'un terme interrogatif ne sera donc en principe possible que lorsque l'interprétation de l'interrogative est compatible avec la présupposition qu'elle introduit. Une question rhétorique ne l'est de toute évidence pas et devrait en principe refuser la focalisation, ce qui ressort effectivement des exemples suivants, qui seront toujours interprétés comme des questions proprement dites :

(13)   C'est qui que tu ne connais pas ?
(14)   Qui c'est que tu ne connais pas ?

Ces deux propriétés m'aideront à évaluer sur le plan syntaxique les hypothèses pragmatique et sémantique que je développerai à propos des interrogatives PB.

2. Les interrogatives PB et les caractéristiques de la question rhétorique
2.1. Question, assertion et inversion de polarité

Le statut pragmatique de l'interrogative PB est matière à discussion. Si l'on retient comme critère essentiel de la question en tant qu'acte ? le fait de solliciter une réponse de la part d'un interlocuteur, les avis sont partagés : Culioli (1988) voit dans l'interrogative PB une véritable question, contrairement à Tasmowski & Dendale (1994) et Guillemin-Flescher (1995), qui, pour des raisons différentes [2], jugent qu'une interrogative PB ne sollicite pas de réponse. Guimier (1989) occupe une position intermédiaire en qualifiant la demande d'information articulée par l'interrogative PB de « secondaire ».

Cette divergence des points de vue a de quoi étonner, surtout si on constate que, dans les corpus, l'interrogative PB n'apparaît jamais dans un couple

---

[2]   Pour T & D, l'interrogative semble pouvoir faire partie d'un échange, où tout en reconnaissant sa propre ignorance, le locuteur « laisse entendre qu'il ne croit guère non plus l'interlocuteur en mesure d'interpréter les faits » (p. 53) ; Guillemin-Flescher, par contre, avance que l'interrogative PB est une question que l'énonciateur se pose à lui-même.

question – réponse normal. Comme il a été dit, elle est complètement absente des corpus oraux, en dépit du fait que la plupart de ces corpus sont composés d'interviews. Dans le corpus écrit, l'interrogative PB est suivie une seule fois (sur 59) d'une réponse, mais elle est au discours indirect :

(15)   Lorsqu'on lui demande aujourd'hui quels ingrédients irrésistibles elle a *bien pu* mettre dans ses pages pour attirer à elle, comme le joueur de flûte de Hamelin, un nombre d'enfants sans cesse croissant, Judy Blume répond, avec un mélange de rationalité et de candeur : « Avant d'écrire, j'ai beaucoup lu. [...]. » (*Le Monde*, 11-3-94, p. R09)

Dans un seul autre exemple, c'est le locuteur (journaliste) qui fournit lui-même la réponse :

(16)   Qu'est-ce qui a *bien pu* rapprocher Lev Dodine, le citadin d'une famille d'intellectuels, et Fédor Abramov, le moujik ? Le talent d'abord. (*Le Monde*, 6-1-94, p. R01)

Aucune réponse n'est fournie dans les autres cas. Au contraire, dans bien des cas l'interrogative PB est suivie d'une ou plusieurs autres interrogatives :

(17)   Que *peuvent bien,* par exemple, penser des télévisions nationales les Marseillais qui voient, à chaque péripétie judiciaire de l'OM ou de son président, les caméras aller quêter « les réactions à Marseille » dans le même bar des supporters ? Quand des équipes de télévision ne viennent dans certains quartiers que pour filmer des incendies de voitures, ne peut-on comprendre que des jeunes de ces quartiers en éprouvent parfois de la haine ? (*Le Monde,* 6-5-94, p. 23)
(18)   Mais que va-t-il *bien pouvoir* faire, et dire, à présent qu'on peut faire et dire à peu près n'importe quoi, dans ce pays où les mots se déprécient plus vite que les roubles ? Qui dénoncera-t-il, qui soutiendra-t-il ? (*Le Monde*, 28-5-94, p. 5)
(19)   Qu'est-ce que tout cela *peut bien* cacher ? Une simple coïncidence ? Une grosse maladresse ? Du machiavélisme ? (*Le Monde*, 10-12-94, p. 12)

et dans un cas, elle est même présentée comme une réponse :

(20)   Et le journaliste s'était inquiété. Elle racontait tout cela, toute cette horreur, sans pleurer ? Et elle, vide de toute espérance, dégoûtée d'être en vie, [...] elle avait répondu d'un rire dément : « Mais qu'est-ce que je *peux bien* pleurer ? » (*Le Monde*, 25-7-94, p. S35)

Compte tenu de tout ceci, il semble fort improbable que l'interrogative PB sollicite réellement une réponse et soit à analyser comme une véritable question.

Le fait de reconnaître que l'interrogative PB ne sollicite pas de réponse n'implique cependant pas, pour les auteurs concernés, qu'elle suggère sa propre réponse. D'une part, pour qu'il y ait réponse suggérée, il faut que l'énoncé soit adressé à un interlocuteur, ce qui n'est pas le cas dans l'analyse de Guillemin-Flescher. D'autre part, même si l'on admet, comme le font Tasmowski & Dendale (1994), que l'interrogative PB puisse faire partie d'un véritable échange, cet échange ne viserait toujours pas à suggérer une réponse, mais plutôt à suggérer qu'il sera pratiquement impossible de répondre à la question (si question il y a). Autrement dit, il semble que l'on ait tort d'assimiler l'interrogative PB aux questions rhétoriques proprement dites.

Il faut cependant admettre qu'en ce qui concerne la première objection l'interrogative PB n'est pas nécessairement un énoncé que le locuteur s'adresse à lui-même. Dans l'exemple cité ci-dessous, l'énoncé est bien rapporté comme étant adressé à un interlocuteur :

(21)   En rentrant, ma fille était bouleversée. Qu'est-ce qui *peut bien* pousser des
         parents, disait-elle, à écrire une telle réflexion sur la mort de leur fils ? Je
         n'ai pas trouvé les mots pour le lui expliquer. (*Le Monde*, 6-6-94, p. 6)

Quant à la deuxième objection, il convient de nuancer. On constate en effet dans bien des exemples un glissement de l'impossible réponse à la suggestion d'une réponse négative, comme dans les questions rhétoriques. La confrontation des deux exemples suivants illustre bien ce glissement :

(22)   Que *peuvent bien* se dire les chefs d'Etat, lors des visites officielles, quand
         les lourdes portes se sont refermées sur les photographes et les cameramen ?
         (*Le Monde*, 8-7-94, p. 21)
         > Les chefs d'Etat se disent quelque chose, mais il est impossible de dire
         quoi.
(23)   A quoi *peut bien* correspondre, pourtant, un découpage territorial dessiné
         pour permettre à chacun de faire, dans la journée, et à cheval l'aller et retour
         entre son village et la préfecture, quand l'avion et le TGV ont remplacé la
         calèche ? (*Le Monde*, 19-3-94, p. 10)
         > Un découpage ... ne correspond à rien.

Dans le premier exemple, la présupposition de l'interrogative est conservée et la situation est donc différente de celle des questions partielles rhétoriques proprement dites où la présupposition est en principe annulée (*Cf.* 1.1). Le deuxième exemple par contre présente toutes les caractéristiques de la question rhétorique conventionnelle.

2.2. La position de l'élément interrogatif et la focalisation

Tous les exemples d'interrogatives PB relevés dans le corpus ont leur élément interrogatif en position initiale. La manipulation d'un exemple démontre d'ailleurs que la structure devient problématique lorsqu'on amène l'élément interrogatif *in situ* :

(24)   Que *peuvent bien* se dire les chefs d'Etat ?
(25)   ? Les chefs d'Etat *peuvent bien* se dire quoi ?

De même, la focalisation du terme interrogatif semble difficile :

(24)   Que *peuvent bien* se dire les chefs d'Etat ?
(28)   ? Qu'est-ce que c'est qu'ils *peuvent bien* se dire ?

Du point de vue formel, les propriétés des interrogatives PB sont bien celles des questions rhétoriques. Les exemples mettent toutefois en question l'hypothèse selon laquelle la position de l'élément interrogatif serait liée à la force de la présupposition qu'il induit. Dans l'exemple (24), la présupposition est en effet présente.

En fin de compte, l'interrogative PB apparaît comme un cas hybride : elle présente des caractéristiques de la question rhétorique, mais n'annule pas nécessairement la présupposition de l'interrogative, en dépit de ce que laisseraient supposer ses propriétés formelles. Dans ce qui suit, j'essaierai, par l'analyse de la fonction assumée par *pouvoir* et *bien*, de rendre compte de ces particularités d'une manière cohérente. Il apparaîtra que les interrogatives PB sont en effet à rapprocher des questions rhétoriques, mais non des questions rhétoriques partielles.

3. *Pouvoir* et *bien*

De quelle façon les deux propriétés les plus saillantes de l'interrogative PB contribuent-elles à lui donner la valeur spécifique, proche du rhétorique ? Ici aussi les avis divergent. Guimier (1989) avance que *bien* est facultatif, ce qui signifierait que l'adverbe n'est pas responsable de l'effet rhétorique. Tasmowski & Dendale (1994 : 53), par contre, soutiennent que « [b]ien [...] porte manifestement sur la valeur illocutionnaire de l'énoncé [...] ». Guillemin-Flescher (1995), enfin, semble plutôt suggérer que les éléments sont solidaires. Si en outre on sait que d'après Borillo (1981) chacun des deux éléments est susceptible d'induire à lui seul un effet rhétorique, la confusion semble totale. La seule façon de sortir de cette impasse consiste à étudier l'impact que chaque élément peut avoir individuellement au niveau des interrogatives.

3.1. *Pouvoir*

La plupart des auteurs établissent, fût-ce implicitement, un rapport entre l'interrogative PB et la phrase assertive modalisée par *pouvoir bien* :

(29)   Où *peut*-il (*bien*) être ? (= (28b) *in* Guimier 1989)
(30)   Il *peut (bien)* être là. (= (31b) *in* Guimier 1989)

Dans les assertives, *pouvoir* a sans aucun doute une valeur épistémique. Le test classique qui consiste à construire une paraphrase avec *peut-être* ou *pouvoir* dans une structure superordonnée, fournit des résultats irréprochables :

(31)   Il est peut-être là.
(32)   Il se peut qu'il soit là.

Le cas des interrogatives est moins tranché. Sueur (1979) émet, par exemple, des réserves quant à la compatibilité de la valeur épistémique de *pouvoir* avec un contexte interrogatif, et il est vrai que les paraphrases ci-dessus sont moins heureuses lorsqu'elles sont appliquées aux interrogatives :

(33)   ? Où est-il *peut*-être ?
(34)   ? Où se *peut*-il qu'il soit ?

Guimier (1989), qui est le seul à creuser un tant soit peu le problème du statut de *pouvoir* dans les interrogatives PB, est nuancé et met en balance certaines propriétés que les deux emplois de *pouvoir (bien)*, assertif et interrogatif, partagent et ne partagent pas. Il en arrive à la conclusion que si l'emploi de *pouvoir* dans les interrogatives PB est un emploi extraprédicatif, comme l'emploi épistémique, il n'en reste pas moins que des différences non négligeables existent et qu'il y a donc lieu de se demander si la mise en rapport des interrogatives et des assertives en *pouvoir bien* est réellement justifiée et s'il ne faut pas se pencher sur la fonction spécifique de *pouvoir* dans les interrogatives PB.
En observant les exemples tirés du corpus, l'on constate premièrement que, tout comme l'interrogative PB, l'interrogative avec *pouvoir* n'entre pratiquement jamais dans un couple question – réponse. Dans l'unique exemple relevé, la réponse réfute d'ailleurs l'assertion véhiculée par l'interrogative :

(35)   [Q] Mais quel *peut* être l'avenir d'entreprises ainsi "privatisées" sans
          capitaux frais ni hommes nouveaux ? [R] Le problème de la recapitalisation
          se posera très vite. Rien n'empêche les entreprises d'émettre de nouvelles

actions. La moitié de celles qui ont été privatisées l'ont fait ou s'apprêtent à le faire. (*Le Monde*, 21-3-94, p. R03)

Dans certains exemples, qui sont d'ailleurs plus nombreux que ceux de l'interrogative PB, le locuteur fournit lui-même la réponse (il convient de rappeler à cet égard que les interrogatives avec *bien* sont rarement suivies d'une suite de ce type, mais souvent d'autres questions rhétoriques) :

(36)   Le procès Touvier est en cours depuis près de deux semaines. Quel sens un tel procès *peut*-il avoir un demi-siècle après les faits ? Si les crimes contre l'humanité sont imprescriptibles, à la différence des autres, cela veut dire que le dommage créé pour la collectivité ne peut pas être considéré comme éteint de lui-même avec le temps. (*Le Monde,* 29-3-94, p. 2)

(37)   A quoi, dans ces conditions, *peut* servir la rencontre de Detroit, dont les participants ne semblent pas attendre grand-chose de concret ? A débattre entre dirigeants qui mènent des politiques différentes et quelquefois contradictoires. A faire l'inventaire de la situation, puis, peut-être, à esquisser des rapprochements. (*Le Monde*, 14-3-94, p. 15)

Ces cas illustrent en fait mieux que l'interrogative PB ce que Guillemin-Flescher (1995) définit comme l'*auto-interrogation* : une interrogative qui ouvre en quelque sorte au locuteur le droit de "répondre" à sa propre "question". Cet effet, que j'appellerai l'effet "préemptoire", semble donc être lié à la présence du verbe *pouvoir*. Il s'agit de savoir comment.

Il semble qu'une approche en termes évidentiels offre une solution attrayante au problème. Je me fonderai plus particulièrement sur l'analyse de la valeur évidentielle de *pouvoir* proposée par Tasmowski & Dendale (1994) en essayant de la transposer au domaine de l'interrogation. Tasmowski & Dendale (1994) proposent de reformuler l'analyse de la valeur épistémique de *pouvoir* en termes évidentiels. Concrètement, « [l]a fonction de *pouvoir*$_E$ est de signaler que l'information transmise dans l'énoncé est sous-tendue par la production d'une série d'hypothèses » (p. 47). Le rôle de *pouvoir* dans les interrogatives me semble *mutatis mutandis* le même : l'information que le locuteur sollicite par une interrogative assortie de *pouvoir*, ne concerne pas la valeur actuelle à attribuer au terme interrogatif, comme dans le cas de la question normale, mais plutôt les valeurs possibles du terme interrogatif. Celles-ci ne procéderont pas d'une connaissance préalable d'un interlocuteur, mais justement de « la production d'une série d'hypothèses ». Pour preuve, l'exemple (37) où le locuteur fournit en effet plusieurs réponses possibles et l'exemple suivant où le procédé est porté à son paroxysme :

(38)   A qui *peut*-on le [Max Beckmann] comparer parmi ses contemporains ? A Picasso, évidemment, auquel l'a lié une rivalité tenace. Et ensuite ? Matisse n'a ni sa violence, ni sa profondeur. Léger paraît besogneux à côté de lui, et

Braque trop préoccupé de bon goût. Boccioni, s'il n'était mort en 1916, aurait peut-être accompli une oeuvre égale par la force et la diversité – hypothèse aventurée. Si grands soient les Allemands de la Nouvelle Objectivité, Dix et Grosz n'ont pas inventé, comme lui, une langue picturale singulière. (*Le Monde*, 13-12-94, p. 21)

L'effet préemptoire s'explique aisément à partir de cette analyse : le locuteur ne se trouve pas, en effet, dans ce qui a été appelé une situation de « déficit cognitif » (Callebaut 1991) par rapport à un interlocuteur : il a en principe les mêmes possibilités d'accéder à l'information. Il n'est donc pas étonnant qu'il exploite effectivement ces possibilités plutôt que de se tourner vers l'interlocuteur. Il n'est pas étonnant non plus que lorsque le locuteur n'exerce pas le droit qu'il s'est arrogé, l'interrogative prenne une allure rhétorique : si en effet le locuteur ne fournit pas la réponse, alors qu'il est censé le faire, c'est probablement parce qu'il n'y a pas de réponse.

Le rôle de *pouvoir* dans les interrogatives de ce type semble donc relativement bien circonscrit : en visant un type particulier d'information il permet au locuteur de se réserver un droit de réponse et ouvre en même temps la possibilité d'une réponse vide. C'est d'ailleurs cette interprétation qui prévaudra lorsque le locuteur n'exerce pas son droit de réponse. Le rôle de *pouvoir* n'est donc pas de conférer un effet rhétorique à l'interrogative, mais il est vrai que son interaction avec d'autres facteurs y donne souvent lieu.

3.2. *Bien*

L'analyse du rôle de *bien* peut partir de la même prémisse que celle de *pouvoir*, c'est-à-dire que, comme la plupart des auteurs établissent un lien entre l'interrogative PB et l'énoncé assertif modalisé par *pouvoir bien*, la valeur de *bien* dans ces deux types d'énoncés est présumée être la même. Elle consisterait à souligner une éventualité parmi d'autres :

(29)   Où *peut*-il *(bien)* être ? (= (28b) *in* Guimier 1989)
(30)   Il *peut (bien)* être là. (= (31b) *in* Guimier 1989)

Il n'est cependant pas du tout certain qu'il s'agisse dans les deux cas du même élément : si le paramètre de la gradation est tenu pour pertinent dans l'analyse des valeurs de *bien* (comme dans Péroz 1995, par exemple), il y a lieu de conclure que les deux *bien* ont des valeurs différentes, car le premier n'est pas gradable, alors que le second l'est :

(39)   *Où *peut*-il fort *bien* être ?
(40)   Il *peut fort bien* être là.

Culioli, qui est le seul à observer cette différence, soutient cependant qu'elle est accessoire et s'explique par l'incompatibilité qui existe entre la valeur d'un adverbe comme *fort* et un contexte d'interrogation. Il convient cependant de noter que le problème ne concerne pas uniquement l'adverbe *fort*, mais touche tout le paradigme des éléments de gradation :

(41)   # Où *peut*-il tout aussi *bien* être ? (l'exemple est acceptable en lecture non rhétorique)
(42)   * Où *peut*-il parfaitement *bien* être ?

Il semble donc plus opportun de maintenir jusqu'à nouvel ordre la conclusion selon laquelle le *bien* des interrogatives PB est différent de celui des assertives.

Pour savoir de quel type de *bien* il s'agit plus précisément, je me reporte aux autres critères cités par Péroz (1995 : 36 et sv.), à savoir : la négation, l'interrogation et la substitution par *mal* et par *très*. Appliqués au cas des interrogatives PB, ces paramètres font apparaître un profil proche de celui d'un *bien* "confirmatif", c'est-à-dire un élément de polarité positive, complémentaire de la négation (avec laquelle il entre d'ailleurs souvent en contraste) :

– la négation ne peut pas porter sur *bien* :

(43)   *Où ne *peut*-il pas *bien* être ?

– la substitution par *mal* ou *très* n'est pas possible :

(44)   *Où *peut*-il *mal* être ?
(45)   *Où *peut*-il *très* être ?

Quant à l'interrogation, la situation est évidemment particulière. Péroz (1995) part en effet de phrases assertives qu'il transforme en interrogatives. Dans le cas du *bien* confirmatif, les interrogatives qui en résultent sont typiquement des "demande[s] de confirmation" :

(46)   ? Est-ce qu'il y a *bien* du pétrole ici ?
(47)   + Il y a *bien* du pétrole ici, n'est-ce pas ?[3]

Or, Péroz semble un peu manipuler les données ici. D'une part, la valeur de 'demande de confirmation' dans (47) provient probablement plus du "tag" que de l'adverbe *bien*. D'autre part, le point d'interrogation devant (46) n'est

---

[3]   Le + indique que l'exemple est jugé meilleur que le précédent.

pas nécessaire si l'on interprète l'interrogative comme une question rhétorique. Les exemples suivants, empruntés à Borillo (1981), qui les analyse comme des questions rhétoriques [4], sont tout à fait analogues :

(48)   Est-il *bien* compétent en la matière ? (= (31) *in* Borillo 1981 : 10)
        > Il n'est pas compétent.
(49)   Est-ce (*bien* + *vraiment*...) utile de revenir là-dessus ? (= (32) *in* Borillo
        1981 : 10)
        > Il n'est pas utile de revenir là-dessus.

La présence d'un *bien* confirmatif ne donne donc pas lieu à une demande de confirmation, mais plutôt à une interprétation rhétorique de l'interrogative. Or, comme on constate un effet analogue dans le cas des interrogatives PB, il semble bien que l'on ait affaire au même type de *bien*. Tout porte donc à croire que le *bien* des interrogatives PB est un *bien* confirmatif.

Admettant ceci, il reste à expliquer dans quelle mesure le *bien* confirmatif intervient au niveau de l'interprétation d'une interrogative. Comme il a été dit, la fonction du *bien* confirmatif est de souligner la polarité positive de l'énoncé. Dans une interrogative, cela peut donner lieu à un effet rhétorique si l'on admet l'hypothèse de Borillo (1981) exposé ci-dessus (*Cf.* 1.1). Ce raisonnement peut s'appliquer aux interrogatives totales (donc à (48) et (49)), et comme le *bien* semble avoir les mêmes propriétés dans l'interrogative totale et l'interrogative PB, il semble logique de l'appliquer également à ces dernières. La présence de *bien* conférerait alors un effet rhétorique aux interrogatives PB.

Or, nous avons vu que l'effet rhétorique des interrogatives PB était un peu particulier, surtout lorsqu'on le compare à l'effet rhétorique des questions partielles rhétoriques proprement dites. Contrairement à ce qui se produit dans ces dernières, la présupposition de l'interrogative PB n'est pas toujours annulée. Pour répondre à cette objection, il convient de revenir un instant au rôle de *pouvoir*. Il a été démontré que ce rôle est pragmatique et qu'il précise la nature de l'information que le locuteur souhaite obtenir (valeurs possibles au lieu des valeurs actuelles). Ce rôle en fait un élément extraprédicatif, comme Guimier (1989) l'avait démontré. Admettant que

---

[4]   Borillo définit *bien* et d'autres adverbes tels que *vraiment* et *réellement* comme des adverbes d'intensité exprimant le haut degré, au même titre que des adverbes comme *très, fort, complètement*, etc. Ceci ne me semble pas exact. Une analyse de *bien* en termes d'adverbe d'intensité est envisageable, quoique pas très probable, pour des exemples comme (48) et (49), où *bien* est suivi d'un adjectif, mais ne s'applique certainement pas à l'exemple suivant :

        (i) Est-ce bien là que tu l'as trouvé ?

        où il est difficile de saisir en quoi consiste le haut degré de *là*...

l'adverbe *bien* porte sur *pouvoir*, on arrive à expliquer les principales particularités de l'effet rhétorique dans les interrogatives PB :

- l'adverbe *bien* ne peut affecter la présupposition, étant donné qu'il porte sur un élément extraprédicatif ;
- l'effet rhétorique ne s'obtient donc pas par l'annulation de la présupposition, comme dans les interrogatives partielles normales, mais plutôt par une inversion de polarité, comme dans les interrogatives totales ;
- l'inversion de polarité concerne l'existence de valeurs possibles correspondant au terme interrogatif ; le locuteur rejette en fait toutes les hypothèses qu'il construit, ce qui peut d'ailleurs être explicite au niveau du texte :

(50)   Je n'y comprends rien. Si ce n'est ni le christianisme, ni le judaïsme, ni l'islam, qu'est-ce que ça *peut bien* être ? (Le Monde, 7-1-94, p. R02)

- comme la présupposition reste en principe intacte (il y a une valeur actuelle), mais qu'en même temps toutes les hypothèses concernant des valeurs possibles sont rejetées, il peut se dégager une impression de perplexité, mentionnée par un dictionnaire comme le *Trésor de la langue française* ;
- dans certains cas, l'incapacité à envisager une valeur possible suggère par généralisation qu'il n'y a pas de valeur actuelle ; la présupposition de l'interrogative est alors néanmoins annulée et il y a glissement de la réponse impossible à la réponse négative (*Cf.* 1.1, exemples (22) et (23)).

4. Synthèse et conclusion

Le moins que l'on puisse dire est que l'interrogative PB est une construction extrêmement complexe dont la force illocutoire résulte de l'interaction des valeurs pragmatiques et sémantiques de ses deux composantes les plus caractéristiques : le verbe *pouvoir*, qui, en tant qu'évidentiel, cible l'interrogation sur un type particulier d'information, et l'adverbe *bien*, qui, en tant qu'élément de polarité questionné, met en doute l'existence de cette information. En ce sens, l'interrogative PB est effectivement apparue comme un type particulier de question rhétorique, plus proche d'ailleurs de la question rhétorique totale que de la partielle.

Or, l'analyse n'a pas seulement permis de décrire de façon plus ou moins cohérente l'interrogative PB, ce qui constituait déjà un défi en soi, vu le vaste éventail d'opinions divergentes à son sujet, mais a également résulté dans une meilleure compréhension du rôle de *pouvoir* dans certaines

interrogatives, un rôle qui consiste plus particulièrement à réserver au
locuteur le droit de répondre à sa propre question.

Références

ANSCOMBRE, J.-C. & DUCROT, O., 1981, « Interrogation et
   argumentation", *Langue française*, 52, p. 5-22.

BORILLO, A., 1978, *Structure et valeur énonciative de l'interrogation totale
   en français*, Thèse de doctorat, Aix-en-Provence.

BORILLO, A., 1981, « Quelques aspects de la question rhétorique en
   français », *DRLAV*, 25, p. 1-33.

CALLEBAUT, B., 1991, *La négation en français contemporain : une
   analyse pragmatique et discursive,* Brussel, Koninklijke academie voor
   wetenschappen, letteren en schone kunsten van België.

COVENEY, A., 1995, « The use of the QU-final interrogative structure in
   spoken French », *Journal of French Language Studies*, 5, p. 143-171.

CULIOLI, A., 1988, « Autres commentaires sur *bien* », *In :* BLANCHE-
   BENVENISTE, C., CHERVEL, A. & GROSS, M. (éds.)., 1988,
   *Grammaire et histoire de la langue. Hommage à la mémoire de Jean
   Stefanini*, Aix-en-Provence, Publications de l'Université de Provence.

DILLER, A.-M., 1984, *La pragmatique des questions et des réponses*,
   Tübingen, Narr.

DUCROT, O., 1972, *Dire et ne pas dire. Principes de sémantique
   linguistique*, Paris, Hermann.

GREVISSE, M., 1993[13], *Le Bon Usage*, Louvain-la-Neuve, Duculot.

GUILLEMIN-FLESCHER, J., 1995, « Questions rhétoriques et évaluation
   modale », *In :* BOUSCAREN, J., J.-J. FRANCKEL & ROBERT, S.
   (éds.), 1995, *Langues et langage. Mélanges offerts à Antoine Culioli*,
   Paris, PUF, p. 435-457.

GUIMIER, C., 1989, « Constructions syntaxiques et interprétations de
   pouvoir », *Langue française*, 84, p. 9-23.

KERBRAT-ORECCHIONI, C., 1991, *La question*, Lyon, Presses Universitaires de Lyon.

PEROZ, P., 1995, *Systématique des valeurs de* bien *en français
   contemporain*, Genève, Droz.

SUEUR, J.-P., 1979, « Une analyse sémantique des verbes "devoir" et
   "pouvoir" », *Le français moderne*, 47, p. 97-120.

TASMOWSKI, L. & DENDALE, P., 1994, « *Pouvoir$_E$*, un marqueur
   d'évidentialité », *Langue française*, 102, p. 41-55.

L'expression de la possibilité épistémique en latin

Alessandra BERTOCCHI
Université de Bologne

Anna ORLANDINI
Université de Toulouse-Le Mirail

0. Introduction

Cette étude part de la constatation d'une anomalie du latin par rapport aux langues modernes, à savoir que le latin classique n'exprime pas la possibilité épistémique par l'adjectif *possibilis*, comme le font la plupart des langues romanes. En effet, l'adjectif *possibilis*, tout comme l'adjectif *impossibilis,* n'est attesté en latin qu'à partir de Quintilien (1er siècle après J. Ch.), qui traduit par *possibile* le terme grec δυνατόν[1].

Dans les langues romanes, comme on sait, l'emploi de l'adjectif *possible* peut recevoir deux interprétations qui sont déjà toutes les deux présentes chez Aristote. Dans deux ouvrages différents, Aristote donne deux définitions différentes du *possible*. *Possible*, dans *De Interpretatione* (22b12) (τὸ μὲν γὰρ ἀναγκαῖον εἶναι δυνατὸν εἶναι – "tout ce qui est nécessaire est aussi possible"), signifie "au moins possible, sinon nécessaire", alors que, dans les *Premiers Analytiques* (32a18-28) (λέγω ... τὸ ἐνδεχόμενον, οὗ μὴ ὄντος ἀναγκαίου, τεθέντος δ'ὑπάρχειν, οὐδὲν ἔς αι διὰ τοῦτ'ἀδύνατον – "j'emploie le terme de 'possible' pour ce qui n'est pas nécessaire, mais qui, une fois conçu, n'en devient pas impossible pour autant") *possible* signifie "possible, mais non nécessaire". En termes de l'analyse de Horn (1989), la première interprétation du *possible*, est la "possibilité unilatérale", qui n'est pas borné vers le haut, et qui peut virtuellement rejoindre le *nécessaire*. L'autre interprétation est la "possibilité bilatérale" qui exclut le *nécessaire*, et présente un double bornage (vers le nécessaire et vers l'impossible). La "possibilité bilatérale" (ou "possible contingent") correspond à l'implicature

---

[1] *Melius igitur qui tertiam partem duxerunt* δυνατόν, *quod nostri possibile nominant* (Quint. *inst.* 3,8,25). Tout comme le mot grec, *possibile*, du latin post-classique, exprime le plus souvent la valeur radicale de *capacité* :
– *nihil laudabile, quod cuique est possibile* (Ps. Varro, *sent.* 128 – "il n'y a rien de louable à ce que tout le monde *peut faire, est capable de faire*") ;
– *Fas est nunc non significat licet, sed possibile est* (Porph. ad Hor. *carm.* 2,19,9 "*Fas est* ne signifie pas ici *il m'est permis*, mais *je peux le faire, je suis capable de le faire*").

© *Cahiers Chronos* 8 (2001) : 47-65.

conversationnelle du *possible*, renvoyant à la Maxime de la Quantité de Grice
(1975) : étant donné une relation scalaire entre le *possible* et le *nécessaire*, si
l'on asserte le terme le plus bas sur l'échelle (le *possible*), cette assertion a
comme implicature conversationnelle la négation du terme plus haut sur
l'échelle (le *nécessaire*). On dira donc que *poss p* implique
conversationnellement *non nec p*. Lorsque *p* est *possible mais non
nécessaire*, il équivaut à *non p* en vertu de la loi de la *conversion
complémentaire* (*poss p ≡ poss non p*).

Notre analyse se propose d'établir certaines correspondances entre le
modèle de Horn (1989) et les résultats d'études sémantiques sur l'emploi
effectif des expressions modales en latin. À ce propos, nous renverrons en
particulier à Lyons (1977), qui traite de la possibilité épistémique en
distinguant la possibilité épistémique *subjective*, grâce à laquelle le locuteur
fait connaître sa prise en charge subjective de la vérité de *p*, et la possibilité
épistémique *objective* ou "*inférentielle*" [2], basée sur des inférences possibles à
partir des connaissances du monde actuel. Il n'est pas toujours facile de
distinguer nettement ces deux modalités (subjective ou inférentielle), puisque
souvent un seul prédicat modal sert à exprimer les deux. Dans le cas des
verbes modaux, la plupart des langues n'ont pas les moyens de lever
l'ambiguïté ; seul le contexte permet de le faire.

Distinguons au préalable deux entités de nature conceptuellement
différente : la notion **épistémique** de *probable* (exprimant un jugement
gradué du locuteur sur la "probabilité de *p*" : *improbable, peu probable, plus
ou moins probable, probable, très probable*) et la notion **ontique** de *possible*.
À la différence des langues romanes, le latin qui, comme nous avons vu, ne
possède pas l'adjectif *possibilis*, oppose nettement au niveau lexical
l'expression du possible ("pur possible" et "possible contingent"), qu'il
réalise par la tournure *potest, fieri potest*, exprimant la modalité épistémique
objective et excluant la prise en charge du locuteur, à celle, scalaire, du
probable, pour l'expression de laquelle il déploie toute une gamme
d'expressions lexicales ayant des propriétés syntaxiques, sémantiques et
pragmatiques particulières. Parmi ces expressions lexicales on trouve pour
l'expression de la notion de probable, des adverbes modaux (*fortasse, certe,
profecto*), exprimant la modalité épistémique subjective, des adjectifs
(*probabile, necesse*), exprimant la modalité inférentielle, et des prédicats
(*oportet, debet*), exprimant une modalité qui est tantôt purement subjective,
tantôt inférentielle, basée sur des données objectives.

---

[2]   Le terme de *modalité objective* est employé par Lyons (1977), alors que Palmer
        (1986) parle de *modalité inférentielle*.

1. Réalisations linguistiques de la notion scalaire de *probable* en latin
1.1. Les adverbes modaux : l'exemple de *fortasse*

La notion de probable, qui coïncide, en grande partie, avec celle de possibilité unilatérale ("possible, sinon nécessaire"), est, en latin, le plus souvent, une modalité épistémique subjective, qui se réalise par des adverbes qui correspondent à des degrés différents de croyance du locuteur en la vérité de *p*, situés sur une échelle qui va du plus ou moins probable (*fortasse*) au certain (*certe, profecto*) (*Cf.* Bolkestein 1980). Comme exemple des valeurs scalaires de *fortasse* par rapport à *certe, profecto*, nous proposons les passages suivants :

(1)   a.   – Respondebo tibi nunc, Laterensis, minus *fortasse* uehementer, quam abs te
             sum prouocatus, sed *profecto* nec considerate minus nec minus amice. (Cic.
             Planc. 72)
             "Et maintenant, je vais te répondre à toi, Laterensis, *probablement* avec
             moins de violence que tu ne m'as pris à parti, mais *sûrement* avec autant
             d'égards et autant d'amitié."
       b.   – Quae inimicitiae dolorem utrique nostrum *fortasse* aliquando, dedecus
             uero *certe* numquam attulerunt. (Cic. Scaur. 32)
             "Cette inimitié a été pour chacun de nous parfois *probablement* cause de
             chagrin, mais jamais *sûrement* cause de déshonneur ."

L'adverbe latin *fortasse* signale toujours une certaine confiance du locuteur en la vérité de *p* ("probablement *p*") [3] (*Cf.* Orlandini 1997). L'emploi

---

3   On peut déduire la valeur probable de *fortasse* de passages tels que Plaut. *Asin.*
    492-503. Dans ce contexte, les réponses *fortasse, fortassis* du marchand sont
    ironiques ; en effet, il ne veut pas se laisser persuader de confier son argent à
    Léonide :
    LE – *neque me alter Athenis hodie quisquam, / cui credi recte atque putent.*
    ME – *Fortassis ;...*
    LE – *Quamquam ego sum sordidatus, / frugi tamen sum, nec potest peculium
    enumerari.*
    ME – *Fortasse.*
    LE – *Etiam hodie Periphanes Rhodo mercator diues / absente ero solus mihi
    talentum argenti soli / adnumerauit et credibili mihi neque deceptust in eo. /*
    ME – *Fortasse.*
    LE – *Atque etiam tu quoque ipse, si esses percontatus / me ex aliis, scio pol,
    crederes nunc quod fers.*
    ME – *Haud negassim*
    ("et aujourd'hui je n'ai pas mon second dans Athènes pour jouir d'une pareille
    réputation d'honnêteté. – Probable ; – J'ai beau être mal habillé, j'ai de la
    conduite, et mon pécule ne se compte pas. – Probable. – Tiens, encore
    aujourd'hui, Périphane le riche marchand de Rhodes, en l'absence de mon
    maître, m'a compté, seul à seul, un grand talent d'argent. Il a eu confiance en

des pronoms indéfinis latins qui peuvent apparaître associés à l'adverbe *fortasse*, dans le même énoncé, confirme la valeur épistémique subjective que nous attribuons à cet adverbe modalisateur (il y a, dans ce cas, une prise en charge par le locuteur du fait que *p* est jugé comme probable). Les pronoms indéfinis *aliquis* ("quelqu'un") et *nemo* ("personne") représentent, en latin, les pôles positif et négatif d'une échelle évaluée selon l'existence de *x*. Au milieu de l'échelle, l'indéfini *quis* ("quelqu'un") indique la pure hypothèse de l'existence d'un *x*, sans orientation positive ou négative. Entre *quis* et *aliquis*, l'indéfini *quispiam* signale que l'existence de *x* est jugée comme probable, orientée vers le pôle positif (*aliquis*), alors que de l'autre côté, entre *quis* et *nemo*, l'indéfini *quisquam* ("quelqu'un", "aucun") montre que l'existence de *x* est jugée comme peu probable, orientée vers le pôle négatif (*nemo*). Or en effet, *fortasse,* dans des énoncés positifs, se trouve seulement avec les pronoms *aliquis* et *quispiam,* comme dans les passages suivants :

(2) a. – Sed a me est de uniuerso genere dicendum, in quo *fortasse aliqui* suis moribus et humanitate stirpis ipsius et gentis uitia uicerunt. (Cic. Scaur. 44)
"Mais je dois parler de la race toute entière, au sein de laquelle il y a *probablement quelques personnes* qui par leur manière de vivre et leur *culture* ont surmonté les défauts de leur origine et de leur nation."

   b. – sed *fortasse* dixerit *quispiam* (Cic. Cato 8)
"mais *quelqu'un pourrait* dire"

Soulignons en particulier à propos de (2b), que la tournure *fortasse dixerit quispiam* est une locution figée pour le potentiel latin, qui est aussi une expression de la possibilité épistémique subjective [4].

Comme confirmation de notre hypothèse sur l'interprétation de *fortasse,* il est, à notre avis, important de souligner qu'en latin on n'a pas d'occurrences de *fortasse* avec *quis* ou *quisquam*. D'ailleurs l'indéfini *quis*, qui signale l'hypothèse pure, se rencontre, comme nous le verrons dans la suite, avec l'expression de la possibilité non qualifiée par l'engagement du locuteur : *potest, fieri potest*.

---

moi, et il n'a pas eu à s'en plaindre. – Probable. – Et du reste, toi-même à ton tour, si tu avais pris ailleurs des renseignements sur mon compte, je suis sûr, parbleu, que tu me confierais l'argent que tu apportes. – Je ne le nierais pas.").
Seule l'interprétation de *fortasse* comme orienté ("c'est probable") permet le jeu polyphonique de l'ironie (*Cf.* Ducrot 1984) : par cet acte linguistique, le locuteur présente ici son énonciation ("il est probable que p" (qui laisse entendre un accord avec l'énoncé du locuteur précédent)) comme un discours absurde, expression d'un point de vue d'un énonciateur E dont il se distancie.

[4] Le fait que *quispiam* apparaisse le plus souvent dans les tournures exprimant le potentiel prouve son orientation positive, à la différence de ce que soutient Haspelmath (1997 : 253), qui classe cet indéfini parmi les termes à polarité négative.

La possibilité unilatérale réalisée par *fortasse* n'est pas bornée vers le haut ("possible, plus ou moins probable, sinon nécessaire"). Par la tournure *fortasse non* le locuteur croit qu'il est probable que *non p* est vrai ("*p* est peu probable, sinon impossible") :

(3)   alius dicat *fortasse non* ueniet. (Sen. epist. 13,14,2)
         "libre à un autre de dire : *'Il est probable* que cela n'arrivera pas' "

Parmi les occurrences de *fortasse non* chez Cicéron, il arrive très fréquemment que *non* porte sur une autre négation, engendrant, de telle façon, une affirmation partielle :

(4)   a.   – *fortasse non numquam* consilia ac sententia inimicorum suorum extimescunt. (Cic. har. resp. 55)
           "Ils craignent *probablement souvent* les projets et les décisions de leurs ennemis."
      b.   – quod *fortasse non nemo* audierit. (Cic. Verr. II 2,15)
           "Ce que, *plusieurs d'entre vous* ont *probablement* entendu."
      c.   – nam, ut tribuamus aliquid uoluptati, condimenti *fortasse non nihil*, utilitatis *certe* nihil habebit. (Cic. off. 3,120)
           "De fait, le plaisir – pour lui accorder quelque chose – aura *probablement une certaine valeur* d'assaisonnement, mais *sûrement* aucune valeur d'utilité."

La compatibilité de *fortasse* avec des expressions telles que *nonnullus* ("quelqu'un"), orientées vers le haut et possédant une orientation positive forte (en particulier au pluriel, *nonnulli* correspond à "un nombre important de personnes"), témoigne, à notre avis, de l'orientation positive, non bornée vers le haut, propre à *fortasse*.

En récapitulant, disons que *fortasse* se rencontre dans des énoncés présentant des pronoms indéfinis ayant une orientation positive (qui tendent vers la présupposition d'existence), tels que *aliquis, quispiam*. Il ne se rencontre jamais avec *quis*, qui est neutre quant à l'orientation, puisque dépourvu de présupposition d'existence, ni avec *quisquam*, qui possède une orientation négative. Les occurrences de *fortasse* avec *nemo* doivent être interprétées comme des cas de *fortasse non* (*fortasse nemo* = *fortasse non* ($\exists$x)), *fortasse* ayant toujours une portée sur toute la phrase, qui, dans ce cas, est une phrase négative, et témoignant de la prise en charge par le locuteur de la vérité de *non p*.

Le tableau suivant montre le rapport entre *fortasse* et les indéfinis :

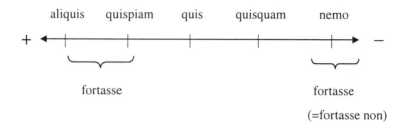

Fig. 1

L'unilatéralité de *fortasse* et sa valeur subjective peuvent aussi expliquer son fonctionnement argumentatif (au sens d'Anscombre et Ducrot 1983) : dans les énoncés où ces adverbes apparaissent, *fortasse* permet d'enchaîner avec une conclusion positive, alors que *fortasse non* oriente vers une conclusion négative :

(5)   iam id ipsum quantae diuinationis est, scire innocentem fuisse reum quem *fortasse numquam* uiderat (Cic. Cluent. 131)
        "grand pouvoir divinatoire que celui de savoir qu'un accusé, qu'il n'avait *probablement jamais* vu, était innocent"

Il s'agit d'un contexte ironique, et le renvoi à un savoir divinatoire (*quantae diuinationis*) s'explique bien si l'on considère que, de toute évidence, "il est fort possible que X n'ait jamais vu l'accusé" (*fortasse numquam uidit*).

Fortasse correspond donc à la notion de "possible que *p*, sinon nécessaire", *fortasse non* à la notion de "possible que *non p*, sinon impossible". Si les deux expressions sont présentes dans un même énoncé, seul le contexte permet d'en déterminer les effets argumentatifs et de savoir si l'on doit les tirer de la probabilité que *p* ou au contraire de la probabilité que *non p*. Ainsi dans le passage suivant,

(6)   Habet etiam mala fortuna leuitatem. *Fortasse erit, fortasse non* erit. Interim non est. Meliora propone. (Sen. epist. 13,11)
        "Le mauvais sort aussi est inconstant. *Il peut se réaliser, il peut ne pas se réaliser.* Pour l'instant, le mauvais sort n'est pas. Pense donc pour le mieux."

c'est la suite *Interim non est. Meliora propone* ("Pour l'instant, ce n'est rien. Pense donc pour le mieux") qui explique que les conclusions ("Soyons donc optimistes !") doivent être tirées de la probabilité que *non p* : *mala fortuna fortasse non erit*. L'ordre des modaux dans l'énoncé, ainsi que la possibilité d'intercaler une conjonction adversative (*Fortasse erit, **sed** fortasse non erit*), suggérent cette interprétation argumentative. Ils s'agit de deux propositions et le locuteur s'engage à chaque fois dans une perspective différente. Cet exemple montre bien que les tournures *fortasse* et *fortasse non* **ne sont pas équivalentes** (en termes de pourcentages des possibilités envisagées), exprimant des attitudes opposées du locuteur. La conversion complémentaire n'est donc pas valable pour ces deux tournures, comme le prouve le besoin d'ajouter *fortasse non*. Si *fortasse* tout seul exprimait les deux valeurs, on n'aurait pas besoin d'ajouter *fortasse non erit*. En revanche, dans le cas des tournures *potest, fieri potest,* exprimant, comme nous verrons plus loin, la possibilité bilatérale, la conversion complémentaire est valable.

On ne peut pas construire un contradictoire de *fortasse* (autrement dit, on ne peut pas avoir l'expression *non fortasse avec une négation externe). En effet, la modalité épistémique subjective, qui permet de reconnaître la source de l'assertion en la personne du locuteur, ne peut jamais tomber dans la portée de la négation. En latin il n'existe donc pas une négation ayant dans sa portée les tournures *fortasse, profecto, certe*.

1.2. Les adjectifs modaux : l'exemple de *probabilis*

Quand elle est réalisée par des adjectifs modaux, la possibilité unilatérale du probable est une modalité inférentielle. L'adjectif latin *probabilis*, d'ailleurs peu fréquent avec une valeur épistémique, exprime donc la probabilité inférentielle, qui se place sur l'échelle sous *necesse est*, tout en se situant au-dessus de la possibilité, comme le montre le contexte suivant :

(7)   Sed si iam ex hoc loco proficiscatur Puteolos stadia triginta probo nauigio
        bono gubernatore hac tranquillitate, *probabile uideatur* se illuc uenturum
        esse saluum. (Cic. ac. 2,100)
        "Mais s'il part maintenant d'ici vers Putéoles, à une distance de quatre
        milles, avec un équipage fiable, un bon timonier, par cette bonace, *il semble
        probable* qu'il arrivera là-bas sain et sauf."

1.3. Les prédicats modaux : *oportet, debet, necesse est*

Pour les prédicats modaux (*oportet, debet*) il est parfois difficile, comme nous l'avons vu plus haut, de distinguer les cas où le locuteur s'appuie sur des données contextuelles pour en tirer des inférences, de ceux où la modalité est un pur jugement du locuteur. Voici par exemple, deux passages dans lesquels le prédicat modal exprime un jugement absolument subjectif qui témoigne d'une plus grande confiance du locuteur en la probabilité de *p* que celui exprimé par *fortasse* :

(8)   a.   – seruum hercle te esse *oportet* et nequam et malum. (Plaut. Poen. 1030)
            "*Il faut*, par Hercule, que tu sois un méchant esclave, et un vaurien."

b. – Plane – inquam – hic *debet* seruus esse nequissimus. (Petr. Sat. 49,7)
"Vraiment cet esclave *doit* être le dernier des vauriens."

Ces énoncés présentent tous les deux un jugement subjectif du locuteur relevant d'une notion de probable tout à fait personnelle, subjective et qui n'est pas quantifiable selon le calcul des probabilités.

Les prédicats modaux *oportet* et *debet* peuvent toutefois véhiculer la valeur épistémique objective de "vraisemblable", de "plausible", issue des données contextuelles, exprimant aussi une possibilité unilatérale, quantifiable sur une échelle entre 0,5 et 1 (le sommet du "nécessaire") à un degré qui n'est pas loin de ce sommet. *Oportet* se place donc peu en dessous de *necesse est*. Comme exemple de la valeur de probabilité inférentielle de *oportet* nous proposons le passage suivant :

(9)   Si multus erat in calceis puluis, ex itinere eum uenire *oportebat*.
        (Cic. inv 1,47)
        "Si ses souliers étaient couverts de poussière, *il est vraisemblable* qu'il
        revenait d'un long voyage."

Le prédicat modal *debet* recevant l'interprétation de la modalité épistémique, peut exprimer lui aussi la notion d'un "probable inférentiel" [5] obtenu à partir de données contextuelles, et, d'une certaine manière, quantifiable. Comme exemple nous proposons le passage suivant :

(10)   *Minor* est Serenus meus : quid ad rem pertinet ? post me mori *debet*, sed
        ante me *potest*. (Sen. epist. 63,15)
        "Ce Sérénus que j'aime est *plus jeune que moi*. Qu'est-ce que cela signifie ?
        Il *devrait* mourir après moi, mais *il se peut qu*'il meure avant moi."

Dans ce contexte, l'âge de Sérénus permet l'inférence *post me mori **debet*** (le probable), alors que *potest* exprime le "possible contingent" (la "possibilité bilatérale" de l'ordre du 50% à chaque instant *poss p* et *poss non p*) exprimant une modalité qui ne peut pas être graduée et qui n'est pas de nature argumentative. Dans ce passage, *potest* empêche, en effet, toute inférence argumentative, puisqu'il est à chaque instant à la fois "possible que *p* et possible que non *p*".

Nous avons vu plus haut que *oportet* ("il est vraisemblable") est normalement en rapport scalaire avec *necesse est* ("il est nécessaire que", qui est plus fort), comme le montrent aussi les passages suivants :

---

[5]   Nous considérons la modalité inférentielle, qui est un sous-type de la modalité évidentielle, comme une modalité épistémique, suivant en cela van der Auwera & Plungian (1998).

(11) a. faciat te *necese est* res ista pessimum patrem, et oderis *oportet* filium, cui
         satisfacere non possis. (Quint. decl. 18,12,16)
         "*il est inévitable que* cette situation patrimoniale te fasse devenir le pire des
         pères, et il est plausible que tu haïsses le fils dont tu ne peux pas satisfaire
         les exigences."
     b. – quem uidentem ac uigilantem sic eluseritis, sopitum *oportet* fallatis, immo
         necese est. (Liv. 7,35,6)
         "comme vous vous êtes ainsi joués de lui, lorsqu'il avait les yeux ouverts, il
         était en éveil ; à présent qu'il est assoupi, *il est fort probable*, je dirai plus, *il
         est inévitable que* vous le trompiez."

Toutefois, la possibilité unilatérale réalisée par *oportet* et *debet* peut
tendre vers le nécessaire jusqu'à l'englober. L'ouverture sur les mondes
possibles qui caractérise, selon nous, la possibilité unilatérale, finit, dans des
cas limites, par coïncider avec le nécessaire (qui représente le monde actuel
et tous les mondes possibles issus de celui-ci). Il existe, en effet, des passages
dans lesquels *oportet* exprime une valeur de nécessité épistémique, tout
comme *necese est*. Tel est le cas, par exemple, de l'énoncé suivant :

(12)   et haec *necese est* aut ex praeterito tempore aut ex coniuncto aut ex
         insequenti petere, nec ulla res probari nisi ex alia potest eaque sit *oportet* aut
         maior aut par aut minor. (Quint. inst. 5,8,5)
         "et on la (=la preuve) cherche *nécessairement* dans le passé, dans le présent
         ou dans le futur ; de plus, aucune chose ne peut être prouvée que par
         référence à une autre, laquelle est *nécessairement* plus grande, ou égale ou
         moins grande."

Dans ce cas, *oportet* rejoint vraiment *necese est*[6], puisque la situation
contextuelle n'admet aucune exception aux trois situations envisagées : *aut
maior aut par aut minor*.
    Il existe d'autres preuves que le prédicat modal *oportet* occupe sur une
échelle pragmatique une position haute tendant vers le sommet (*necese est*).
Par exemple, le fonctionnement d'*oportet* par rapport à la négation. De la
même manière que les autres expressions de la possibilité unilatérale que l'on
vient d'analyser, *oportet* épistémique échappe toujours à la portée de la
négation externe : sous la négation, ce prédicat modal reçoit toujours une
interprétation déontique ; par l'effet de la rémontée de la négation, qui est
admise avec ce prédicat, *non oportet* peut toujours être interprété comme
oportet non. La négation interne de *oportet* dégage son contraire, *oportet non*,
qui doit être placé au même endroit sur l'échelle négative inversée, tendant
vers l'interdiction totale ("on ne doit pas faire"). La spécificité des prédicats
dits "tolérants" (*Cf.* Löbner 1987 et 1990) est que la négation interne dégage

---

[6]   *Cf.* Menge (1953 : 286) : « Oft lässt sich jedoch zwischen *oportet* und *necese
       est* kaum ein Unterschied statuieren ».

un "subcontraire" (= les deux prédicats peuvent être vrais à la fois, comme c'est le cas des tournures exprimant le "possible contingent", la possibilité bilatérale : "il est possible que *p*" et "il est possible que *non p*" : *fieri potest*). Or, le fait que *oportet non* dégage un contraire prouve qu'*oportet* ne peut pas être un prédicat dit "tolérant".

En termes de l'analyse de Horn (1989 : 236), on peut considérer *oportet* déontique comme un prédicat "faiblement intolérant", qui admet la remontée de la négation, alors que *necesse est* est un prédicat "fortement intolérant", qui n'admet pas la remontée de la négation.

Si l'on veut tracer l'échelle pragmatique positive exprimant la possibilité unilatérale, on placera entre 0,5 et 1 les prédicats "intolérants", qui dégagent sous la négation interne un contraire. Les prédicats "tolérants" (*potest, fieri potest*) en revanche, qui expriment la possibilité bilatérale, ne sont pas scalaires (raison pour laquelle ils ne peuvent pas être représentés dans notre schéma) :

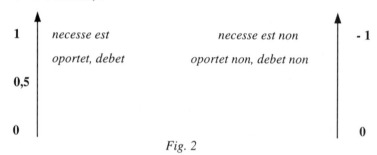

Fig. 2

Une preuve qu'*oportet* déontique admet la remontée de la négation alors que *necesse est* ne l'admet pas, nous est fournie par l'interprétation des pronoms indéfinis dans la proposition complétive de ces prédicats modaux. En effet, le pronom indéfini *quisquam,* qui, comme l'anglais "anyone" est un terme à polarité négative, doit être considéré comme un négatif à part entière (égal à *nemo* "personne") lorsqu'il tombe dans la portée de la négation *non* réalisée dans la même phrase ou portant sur un prédicat qui admet la remontée ; dans les autres cas, il véhicule une négation plus faible, seulement impliquée. Dans le passage suivant :

(13) a.   – *Nec* uero *necesse est quemquam* a me nominari. (Cic. Phil. 2,1)
           "Mais *point n'est besoin* de nommer *quelqu'un.*"

l'indéfini latin *quisquam* se trouve dans une subordonnée syntaxiquement positive, il n'exprime donc qu'une implication négative. En effet, dans ce contexte, il n'est pas l'équivalent de *nemo,* puisque la négation, en (13a), porte seulement sur le modal *necesse est* ; et n'est pas le résultat d'une remontée. Cet énoncé diffère, quant au sens, de l'énoncé suivant qui présente le pronom négatif plein dans la complétive :

(13) b.   – *Necesse* est *neminem* a me nominari.
           "Il est *nécessaire* que je ne nomme *personne*."

Aucune remontée n'est en effet permise en présence d'un véritable pronom négatif dans la complétive, tel que *nemo,* avec *necesse est*, comme on le voit aussi dans le passage suivant :

(13) c.   – ex quo intelligi *necesse est* aut *neminem* ex sociis ciuem fieri posse aut etiam posse ex foederatis. (Cic. Balb. 27)
           "D'où l'on voit *nécessairement* qu'*aucun sujet* allié ne peut devenir citoyen romain ni même qu'aucun habitant d'une ville féderée ne peut le devenir non plus"

En revanche, avec *oportet*, qui admet la remontée, la négation peut syntactiquement précéder le prédicat modal, mais elle ne porte jamais sur ce prédicat seul, l'indéfini devant toujours être interprété comme un pronom négatif à part entière, qu'il soit réalisé par *quisquam*, qui tombe dans la portée de la négation, ou par *nemo*, qui introduit à lui seul une négation de phrase, comme le montrent les passages suivants :

(14) a.   – Denique de iniuria quae tibi facta sint *neminem* nostrum grauiorem iudicem esse *oportet* quam te ipsum cui facta dicitur. (Cic. div. in Caec. 58)
           "Enfin, cette injustice qui t'aurait été faite, *nul de nous ne doit* la juger avec plus de sévérité que toi, puisque c'est à toi qu'il est dit qu'elle a été faite."
      b.   – *Non oportere* ait *quemquam* a sermone principis tristem discedere. (Svet. Tit. 8,2)
           "Il répondit que *personne ne devait* sortir mécontent d'un entretien avec l'empereur."

Analysons maintenant un autre contexte tout aussi déontique où *oportet* et son contraire *non oportet* sont présents à la fois dans un même énoncé :

(15)   suspicionibus credi *oportere et non oportere* ; rumoribus credi *oportere et non oportere* ; testibus credi *oportere et non oportere* ; quaestionibus credi *oportere et non oportere* ; uitam ante actam spectari *oportere et non oportere* ; [...] causam maxime spectari [causam] *oportere et non oportere*. (Cic. inv. 2,50)
           "*il faut* croire *ou* ne pas croire aux indices suspects, il faut croire *ou* ne pas croire aux bruits publics ; il faut croire *ou* ne pas croire aux témoins ; il faut croire *ou* ne pas croire aux aveux arrachés par la torture ; il faut prendre *ou* non en considération la vie passé ; [...] ce sont les motifs surtout qu'il faut prendre *ou* non en considération".

Il est question ici de l'examen des *loci communes*, à propos desquels Cicéron, dans le *De Oratore*, explique que l'orateur peut s'en servir pour plaider en faveur ou à l'encontre d'une hypothèse générale. La coexistence dans un même énoncé de deux propositions contraires est due au contexte de caractère générique et virtuel, impliquant un choix parmi deux possibilités toutes deux valables ; l'interprétation de *oportet* et *oportet non* comme deux contraires prouve qu'*oportet* demeure un prédicat "intolérant" (en effet, les deux propositions, notamment la proposition positive et la proposition négative, ne sont pas toutes les deux vraies à la fois dans le monde actuel, à la différence, nous le verrons, de la possibilité bilatérale réalisée par *fieri potest* de l'ordre de 50%).

2. Le jeu de la négation et des quantifieurs dans un contexte modalisé

La négation d'un prédicat fort (par ex., *necesse est*) peut déclencher l'expression d'une possibilité unilatérale à orientation négative ("il est possible que *non p*") avec des effets argumentatifs tendant vers l'impossible, en présence d'un quantifieur (par ex., *omnis*) ; tel est le cas du passage suivant :

(16)   *aliquot* somnia uera, sed *omnia non necesse est* (Enn. trag. 346 Ribbeck)
         "un *certain nombre* de rêves sont vrais, mais *il n'est pas sûr qu*'ils le soient
         tous".

Dans ce passage, la négation *non* du prédicat modal *necesse est,* associée à la présence d'un quantifieur universel *omnia*, permet l'interprétation suivante : "un certain nombre de rêves sont vrais, mais il est peu probable qu'ils le soient tous", interprétation que l'on obtient par effet de la négation portant à la fois sur le prédicat modal (*non necesse*) et sur le quantifieur universel (*non omnia*).

Voici un autre cas où le jeu de la négation, cette fois-ci impliquée, lexicalisée en latin par le pronom *quisquam,* qui, comme nous venons de le voir, doit être considéré comme un terme à polarité négative, entraîne des conséquences sur l'interprétation du modal :

(17)   *cuiuis potest accidere* quod *cuiquam potest.* (Publ. Syr. ap. Sen. dial. 9,11,8)
         "ce qui est *peu probable* que cela arrive *à quelqu'un, peut arriver à
         n'importe qui*".

Dans ce passage, le jugement est de type épistémique : comme l'a finement observé Ferrarino (1942 : 121 sq.) : "la verità della sentenza sta nel dimostrare *possibile* anche *l'improbabile*" ("la vérité de la sentence consiste en ce qu'elle présente comme *possible* même ce qui est *improbable*"). La présence du quantifieur permet d'interpréter comme scalaire (donc unilatérale) la possibilité autrement non qualifiée (*potest*). En effet, *quisquam* véhicule une valeur orientée vers le pôle négatif (*nemo*), alors que *quiuis* véhicule une valeur orientée vers le pôle positif (*omnes*). La valeur négative de *quisquam* agit sur la modalité ; de cette manière *quod cuiquam potest accidere* ("ce dont il est peu probable qu'il arrive à quelqu'un") exprime une probabilité très faible tendant vers l'impossible (*nemini potest accidere* "ce qui ne peut arriver à personne") ; de son côté, *quiuis* agit aussi sur l'expression modalisée : *quod cuiuis potest accidere* ("ce qui peut arriver à n'importe qui") exprime une probabilité plus élévée concernant n'importe qui et tendant vers le nécessaire (*omnibus potest accidere* "ce qui doit arriver à tout le monde").

3. Réalisations linguistiques de la notion du *possible* en latin : *potest, fieri potest*

En latin, la tournure *fieri potest* exprime les modalités ontiques du "pur possible" et du "possible contingent", comme le montrent les passages suivants :

(18) a. – Ille enim id solum *fieri posse* dicit, quod aut sit uerum aut futurum sit uerum, et *quicquid futurum sit,* id dicit *fieri necesse est,* et quicquid non futurum, id negat fieri posse. Tu et *quae non sint futura, posse fieri* dicis, ut frangi hanc gemmam, etiamsi id numquam futurum sit *neque necesse fuisse* Cypselum regnare Corinthi. (Cic. fat. 13)
"Celui-ci, en effet, dit que seul *est possible* ce qui est vrai ou ce qui le deviendra ; *et tout ce qui arrivera,* il le déclare *nécessaire,* et *tout ce qui n'arrivera pas,* il le déclare *impossible.* Pour toi, d'une part, *ce qui ne doit pas arriver est possible* : ainsi on pourrait briser cette pierre précieuse, même si cela ne devait jamais arriver ; et d'autre part *il n'était pas nécessaire* que Cypselus régnât à Corinthe."

b. – Sed ad illam Diodori contentionem [7], quam περὶ δυνατῶν appellant, reuertamur, in qua, quid ualeat *id quod fieri possit,* anquiritur. Placet igitur Diodoro *id solum fieri posse,* quod aut uerum sit aut uerum futurum sit. Qui locus attingit hanc quaestionem, *nihil fieri, quod non necesse fuerit,* et, *quidquid fieri possit,* id aut esse iam aut futurum esse. (Cic. fat.17)
"Mais revenons à la discussion de Diodore que l'on appelle des possibles, dans laquelle on cherche *la définition du possible.* Donc la thèse de Diodore, c'est que *seul est possible* ce qui est vrai ou ce qui le sera. Cette proposition

---

7   Cicéron présente ici la pensée de Diodore Cronos, un philosophe de la fin du IVe siècle, appartenant à l'école de Mégare qui introduit la notion de temporalité dans l'analyse des modalités. Il développe un raisonnement qui lui permet de dériver la nécessité réelle (contextuellement déterminée) de la nécessité logique.

se lie au problème suivant : *rien n'arrive qui n'ait été nécessaire* ; et *tout ce qui est possible,* ou bien est déjà, ou bien le sera un jour."

Un cas particulier du possible est le "possible contingent", la possibilité bilatérale. La "possibilité bilatérale", que Horn considère comme une implication conversationnelle non lexicalisée par une expression qui la distingue linguistiquement de la possibilité unilatérale, est réalisée en latin par *potest,* ainsi que par la tournure *fieri potest,* exprimant, comme nous avons vu, le possible "contingent" par rapport au monde actuel. Cette possibilité est d'ailleurs plutôt rare dans des contextes linguistiques, parce que, pour exprimer le contingent, elle doit modaliser des prédicats non gradables, comme, par exemple, *potest mori* en (10). Il s'agit d'une modalité bornée vers le haut, une modalité qui ne peut donc jamais rejoindre le "nécessaire", et qui exprime une possibilité de l'ordre de 50%. *Fieri potest* ne peut donc pas recevoir une interprétation scalaire, tout comme elle ne peut pas non plus engendrer des phénomènes argumentatifs. Le carré d'Aristote conçoit l'angle A comme le lieu des assertions positives totales, I comme le lieu des assertions positives partielles, E comme le lieu des assertions négatives totales, O comme le lieu des assertions négatives partielles. Dans ce carré, *fieri potest p* se place en I, le lieu des assertions positives partielles, et correspond à son subcontraire en O, *fieri potest non p,* selon la loi de la conversion complémentaire, valable seulement, comme on a vu, pour la possibilité bilatérale. Par conséquent, par rapport à *fieri potest,* I et O sont équivalents, ce qui entraîne non pas la configuration d'un carré, mais celle d'un triangle [8]. Toutefois, par le même moyen linguistique (*potest, fieri potest*) qui sert à indiquer la possibilité bilatérale (le contingent), le latin traduit aussi le domaine plus vaste du possible ontique dont le contingent n'est qu'une partie : *potest, fieri potest* exprime le *possible* sans prise en charge par le locuteur. Comme exemple de cette possibilité, nous proposons le passage suivant, qui présente aussi une occurrence du pronom indéfini *quis,* lequel, comme nous le disions, signale la pure hypothèse d'existence :

(19)   *Fieri autem potest,* ut recte *quis* sentiat *et* id quod sentit polite eloqui *non* possit. (Cic. Tusc.1,6)
         "Or *il se peut bien que quelqu'un* pense avec justesse, et *il se peut aussi* qu'il *ne* soit *pas* capable de rendre sa pensée avec élégance."

Signalons au passage que les deux tournures (*fieri potest ut, fieri potest ut non*) sont beaucoup plus fréquentes dans des contextes de forme négative :

---

[8]   Les commentateurs du Moyen-Age et parmi les modernes, Jespersen (1917 : 92), Kneale & Kneale (1962), proposent, en effet, la structure d'un triangle. Plus récemment, face toujours à cette même difficulté, J. van der Auwera (1996 et 1998) a proposé la structure d'un carré à trois niveaux exprimant la scalarité de la notion de la possibilité, et incluant aussi une analyse des quantifieurs.

lorsqu'on nie séparément les deux expressions épistémiques objectives *fieri potest ut, fieri potest ut non,* on doit revenir au carré d'Aristote. Sous la négation, elles n'expriment pas la possibilité bilatérale (la non-exclusion n'étant pas niable), mais d'un côté l'impossibilité, de l'autre la nécessité. Le contradictoire, qu'on obtient par la négation externe de *fieri potest ut,* à savoir *fieri non potest ut* représente l'impossibilité, en E, le lieu des assertions négatives totales, et équivaut à *necesse est non* :

(20)   *Fieri* enim *non potest ut* animus libidini deditus [...] hoc quicquid est quod nos facimus [...] possit sustinere. (Cic. Cael. 45) (= *necesse est non* sustineat)
        "*Il est impossible,* en effet, qu'un esprit livré au plaisir [...] puisse supporter les fatigues que suscite le barreau, quelles qu'elles soient."

En revanche, le contradictoire de *fieri potest ut non,* à savoir *fieri non potest ut non, fieri non potest quin,* en A, le lieu des affirmations positives totales, équivaut à *necesse est* :

(21) a. sed si id *fieri non potest quin* sentiant, dicam abortum esse. (Ter. Hec. 397)
         (= si sentiant *necesse est*)
         "mais, s'*il est inévitable qu'ils* s'en aperçoivent, je dirai qu'elle a eu une fausse couche."
     b. *quin* [9] seruiant quidem, *fieri non potest.* (Cic. rep. 1,50)
         "mais *ils ne peuvent éviter* d'être esclaves."
     c. *Fieri non potest ut,* [...] eum tu in tua prouincia *non* cognoueris. (Cic. Verr. II 2, 190) (= necesse est ut tu eum cognoueris)
         "*Il n'est pas possible que* dans ta province, il t'ait été inconnu."

Rappelons que, dans le carré d'Aristote, la négation externe de la tournure *necesse est* engendre le contradictoire *non necesse est* (= *fieri potest ut non*), en O, le lieu des négations faibles, partielles. Ce qui peut être représenté selon le schéma suivant :

---

[9]   Ce passage présente la seule occurrence de la tournure *fieri non potest quin* chez Cicéron.

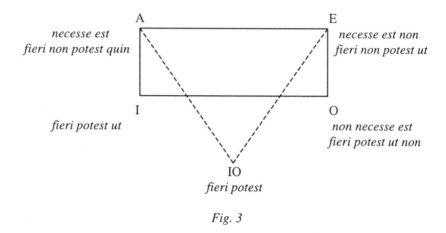

Fig. 3

4. Conclusion

En guise de conclusion, nous dirions que l'analyse des données latines a permis de montrer que le latin souligne linguistiquement la discontinuité du couple *possible / probable* :

a) cette langue possède une expression unique pour la notion de *possible* : *potest, fieri potest*, que nous interprétons comme relevant de la modalité objective sans expression d'une prise en charge par le locuteur ;

b) cette langue déploie toute une gamme d'expressions qui lexicalisent la notion de *probable,* et qui relèvent de la modalité épistémique subjective (*fortasse, profecto, certe* expressions de la prise en charge par le locuteur) ou des inférences qu'on peut déduire des connaissances du monde actuel (*oportet, debet* expressions de la modalité inférentielle).

Parvenues à la fin de notre enquête sur les moyens linguistiques qui séparent en latin des entités de nature conceptuelle différente (épistémique *vs.* ontique), nous croyons être à même de préciser les propriétés fonctionnelles qui nous ont permis de faire le clivage entre les expressions du *probable* (relevant de la "possibilité unilatérale" sans pourtant la recouvrir totalement) et celles du *possible* (relevant du pur possible ou du possible contingent, bilatéral) :

Propriété syntaxique : Les expressions latines du probable échappent à la portée de la négation.

Propriétés sémantiques : Les expressions du probable appartiennent aux prédicats "intolérants", alors que les expressions du *possible* sont des prédicats "tolérants".

Le probable coïncide avec l'expression de la modalité épistémique signalant la prise en charge par le locuteur (se fondant sur des croyances ou sur des inférences possibles à partir des données contextuelles), le *possible* coïncide avec l'expression de la modalité objective sans prise en charge par le locuteur. Le *probable* ouvre sur les mondes possibles ; en ce qui concerne le *possible*, la "possibilité unilatérale" est aussi conçue en rapport avec les mondes possibles, alors que la "possibilité bilatérale" porte sur le monde actuel.

Propriétés pragmatiques : Les expressions latines du probable peuvent présenter des effets argumentatifs, qui, en revanche, sont exclus pour l'expression du *possible*. La "possibilité bilatérale" (contextuellement lié) correspond à l'"implicature conversationnelle supérieurement liée" du "pur possible".

Références

ANSCOMBRE, J. C. & DUCROT, O., 1983, *L'argumentation dans la langue*, Bruxelles, Mardaga.

BOLKESTEIN, A. M., 1980, *Problems in the Description of Modal Verbs*, Assen, Van Gorcum.

DUCROT, O., 1984, *Le dire et le dit*, Paris, Minuit.

FERRARINO, P., 1942, « *Cumque* e i composti di *-que* », *Memorie della R. Accademia delle Scienze dell'Istituto di Bologna, Cl. Scienze Morali*, Serie IV, vol.4, Bologna, Azzoguidi, p. 1-242.

GRICE, H. P., 1975, « Logic and Conversation », *In:* COLE, P. & MORGAN, J. L. (éds.), 1975, *Syntax and Semantics* 3, New-York, Academic Press, p. 41-58.

HASPELMATH, M., 1997, *Indefinite Pronouns*, Oxford, Clarendon Press.

HORN, L. R., 1989, *A Natural History of Negation*, Chicago, The Chicago University Press.

JESPERSEN, O., 1917, *Negation in English and Other Languages*, København Høst.

KNEALE, W. & KNEALE, M., 1962, *The Development of Logic*, Oxford, Clarendon Press.

LE QUERLER, N., 1996, *Typologie des modalités*, Caen, Presses Universitaires de Caen.

LÖBNER, S., 1987, « Quantification as a major module of natural language semantics » *In:* GROENENDIJK, J., DE JONGH, D. & STOKHOF, M. (éds.), 1987, *Studies in discourse representation theory and the theory of generalized quantifiers*, Dordrecht, Foris, p. 53-86.

LÖBNER, S., 1990, *Wahr neben Falsch*, Tübingen, Niemeyer.

LYONS, J., 1977, *Semantics*, Cambridge, University Press.

MARTIN, R., 1983, *Pour une logique du sens*, Paris, PUF.

MENGE, H., 1953, (reman. par Thierfelder, A), *Repetitorium der lateinischen Syntax und Stilistik*, München, Neschke.

ORLANDINI, A. M., 1997, « Adverbes d'énoncé et adverbes d'énonciation en latin : *forte, fortasse* », *Lalies*, 17, p. 251-260.

ORLANDINI, A. M., 1998, « La polysémie du prédicat *'pouvoir'* et sa désambiguïsation en latin », *In:* GARCIA-HERNANDEZ, B. (éd.), 1998, *Estudios de Lingüística Latina,* Madrid, Ediciones Clásicas, p. 1017-1031.

PALMER, F. R., 1986, *Mood and Modality*, Cambridge, Cambridge University Press.

VAN DER AUWERA, J., 1996, « Modality : The Three-layered Scalar Square », *Journal of Semantics,* 13, p. 181-195.

VAN DER AUWERA, J., 1998, « Sobre la lexicalización de los modales vs. cuantificadores y conjunciones », *In:* LUQUE DURAN, J. & PAMIES BERTRÁN, A. (éds.) 1998, *Estudios de Tipología Lingüística*, Granada, Granada Lingüística, p. 179-193.

VAN DER AUWERA, J. & PLUNGIAN, V. A., 1998, « Modality's Semantic Map », *Linguistic Typology,* 2, p. 79-124.

Textes cités

CICERO, M. T., *Academica priora*, Stuttgart, Teubner, 1966.

CICERO, M. T., *Pro L. Cornelio Balbo oratio,* Paris, Les Belles Lettres, 1962.

CICERO, M. T., *In Q. Caecilium Nigrum oratio, quae diuinatio dicitur,* Paris, Les Belles Lettres, 1960.

CICERO, M. T., *Pro M.Caelio Rufo oratio*, Paris, Les Belles Lettres, 1962.

CICERO, M. T., *Cato maior de senectute*, Paris, Les Belles Lettres 1961.

CICERO, M. T., *Pro A.Cluentio Habito oratio*, Paris, Les Belles Lettres, 1953.

CICERO, M. T., *De fato*, Paris, Les Belles Lettres, 1950.

CICERO, M. T., *De haruspicum responso oratio*, Paris, Les Belles Lettres, 1966.

CICERO, M. T., *De inuentione*, Paris, Les Belles Lettres, 1994.

CICERO, M. T., *De officiis*, Paris, Les Belles Lettres, 1965.

CICERO, M. T., *In M. Antonium orationes Philippicae*, Paris, Les Belles Lettres, 1959.

CICERO, M. T., *Pro Cn.Plancio oratio*, Paris, Les Belles Lettres, 1976.

CICERO, M. T., *De re publica*, Paris, Les Belles Lettres, 1980.

CICERO, M. T., *Pro M. Aemilio Scauro*, Paris, Les Belles Lettres, 1976.

CICERO, M. T., *Tusculanae disputationes*, Paris, Les Belles Lettres, 1951.

CICERO, M. T., *In C. Verrem orationes*, Paris, Les Belles Lettres, 1960.

ENNIVS, Q., *Tragoediarum fragmenta*. *In: Tragicorum Romanorum Fragmenta*, Leipzig, Teubner, 1897.

LIVIVS, T., *Ab urbe condita*, Oxford, Clarendon Press, 1954.

PETRONIVS, T., *Satyricon*, Paris, Les Belles Lettres, 1967.

PLAVTVS, T. M., *Asinaria,* Paris, Les Belles Lettres, 1932.

PLAVTVS, T. M., *Poenulus*, Paris, Les Belles Lettres, 1961.

PORPHYRIO, P., *Commentum in Horatium Flaccum*, Hildesheim, Georg Olms, 1967.

QVINTILIANVS, F., *Declamationes minores*, Stuttgart, Teubner, 1989.

QVINTILIANVS, F., *Institutio oratoria*, Paris, Les Belles Lettres, 1976.

SENECA, L. A., *De tranquillitate animi*, Paris, Les Belles Lettres, 1959.

SENECA, L. A., *Epistulae morales ad Lucilium*, Paris, Les Belles Lettres, I, 1963 ; II, 1964.

SVETONIVS, C. T., *De uita Caesarum*, Paris, Les Belles Lettres, 1964.

TERENTIVS, P. A., *Hecyra*, Oxford, Clarendon Press, 1926.

Pour une tripartition des emplois du modal *devoir*

Hans KRONNING
Université d'Uppsala

0. Introduction

Traditionnellement, on distingue deux valeurs qu'un verbe modal tel que *devoir* est censé exprimer : la *modalité déontique* au sens large et la *modalité épistémique*.

La modalité déontique au sens large est une modalité du FAIRE, qui correspond *grosso modo* à ce que l'on appelle, surtout en linguistique anglosaxonne, *modalité radicale* (« root modality [1]») ou *modalité orientée vers l'agent* (« agent-oriented modality [2]»), alors que la modalité épistémique est une modalité de l'ETRE.

Pour Huot (1974), la modalité déontique (*D*) dénote l'« obligation-nécessité », conçue comme une seule et unique valeur modale (d'où le trait d'union), alors que la modalité épistémique (*E*) dénote la « probabilité-futur », également conçue comme une valeur unique.

Sueur (1975, 1979, 1983), pour sa part, distingue à l'intérieur des modalités radicales entre l'« obligation » et la « nécessité ».

Pour illustrer ces valeurs modales, nous citerons les exemples que voici :

(1)   LA SŒUR ANGELIQUE – Nous *devons*$_{\text{D-TH}}$ nous *opposer* à l'injustice, autant que les lois le permettent, parce que ce nous est une obligation de maintenir les droits de notre communauté, et que ce serait en quelque sorte consentir à l'injustice, que de ne s'y opposer pas. (Montherlant 1954 : 52)

(2)   Pour atteindre le boulevard Montparnasse, j'*ai dû*$_{\text{D-PR}}$ me *frayer* un chemin à travers les couples dansants. (Mauriac 1933 : 187)

(3)   Marlyse se retourne, grogne, se rendort. J'*ai dû*$_{\text{E}}$ la *heurter* de mon coude. (Borniche 1976 : 296)

Le premier exemple (1) illustre le déontique au sens restreint (ou déontique théorique, *D-TH* [3]) qui s'oppose à la « nécessité » de Sueur, exemplifiée par (2), énoncé que ce linguiste paraphraserait de la manière suivante : «Les circonstances m'ont obligé à me frayer un chemin à travers les couples dansants ». Pour notre part, nous analysons cet emploi de *devoir* autrement,

---

1   P. ex. Coates (1983).
2   Bybee e.a. (1994).
3   Kronning (1996).

comme relevant de l'«obligation pratique» (*D-PR*) (*Cf.* Kronning 1996), produit d'une « inférence pratique » au sens de von Wright (1963b) [4]. Nous y reviendrons, mais, pour le moment, il nous suffit de constater que la « nécessité » de Sueur, subsumée sous la modalité déontique *lato sensu*, relève du FAIRE, et non de l'ETRE.

Ressortissant à la modalité épistémique (*E*), le modal *devoir* du troisième exemple (3) exprime une haute probabilité qui se laisse paraphraser par des adverbes épistémiques tels que *probablement, sans doute* et *certainement* :

(4)   Marlyse se retourne, grogne, se rendort. Je l'ai *probablement* (+ *sans doute* + *certainement*) heurtée de mon coude.

Dans ce qui va suivre, nous voudrions attirer l'attention sur une valeur modale de *devoir* qui est absente des études de Huot et de Sueur, illustrée par les énoncés suivants :

(5)   a. Tout ce à quoi on réfère *doit*$_A$ *exister*. Appelons cela l'axiome d'existence. (Searle 1969 : 121)
      b. [Candide] fut seulement très fâché de se séparer de son mouton, qu'il laissa à l'Académie des sciences de Bordeaux, laquelle proposa pour sujet du prix de cette année de trouver *pourquoi la laine de ce mouton était rouge* ; et le prix fut adjugé à un savant du Nord, qui démontra par A, plus B, moins C, divisé par Z, que le mouton *devait*$_A$ *être* rouge, et mourir de la clavelée. (Voltaire 1759 : 190, Chapitre XXII)
      c. Si tu lances une pierre en l'air, elle *doit*$_A$ *retomber*. (Gosselin 1991)

Dans ces exemples, le verbe modal n'exprime ni l'obligation, ni la probabilité et, par conséquent, il ne peut être repris anaphoriquement par le syntagme nominal *cette obligation* [5], ni paraphrasé (*#) par les adverbes épistémiques du type *probablement* :

---

[4]   Ce type de modalité s'exprime, dans le domaine nominal, aussi bien par le substantif *obligation* que par celui de *nécessité* (*Cf.* Kronning à paraître b) :

        « Dès 1823, la modicité du loyer dans les maisons condamnées à disparaître, avait engagé la cousine Bette à se loger là, malgré *l'obligation* que l'état du quartier lui faisait de se retirer avant la nuit close. Cette *nécessité* s'accordait d'ailleurs avec l'habitude villageoise qu'elle avait conservée de se coucher et de se lever avec le soleil » (Balzac 1846 : 71).

[5]   Le test de la reprise anaphorique, qui a été proposé par Conte (1995, 1998), est discuté dans Kronning (à paraître b).

(6) a. Tout ce à quoi on réfère *doit*$_A$ *exister*. Appelons cela (+ **cette obligation*) l'axiome d'existence.

    b. **#Tout ce à quoi on réfère existe *probablement* (+ *sans doute* + *certainement*). Appelons cela l'axiome d'existence.

(7) a. qui démontra par A, plus B, moins C, divisé par Z que le mouton *devait*$_A$ *être* rouge. **Cette obligation...*

    b. **#...qui démontra par A, plus B, moins C, divisé par Z, que le mouton était *probablement* (+ *sans doute* + *certainement*) rouge.

(8) a. Si tu lances une pierre en l'air, elle *doit*$_A$ *retomber*. **Cette obligation...*

    b. **#Si tu lances une pierre en l'air, elle retombera *probablement* (+ *sans doute* + *certainement*).

La valeur modale qu'exprime *devoir* dans les énoncés (5a-5c) est une « nécessité » que nous qualifierons d'*aléthique* (*A*).

1. La modalité aléthique

En qualifiant la valeur modale que dénote *devoir* dans ces énoncés (5a-5c) d'aléthique, nous élargissons l'acception philosophique de ce terme, car les philosophes assimilent la nécessité aléthique à la nécessité logique et/ou analytique. Hughes et Cresswell (1968 : 23) définissent la *nécessité logique* ainsi :

> « when we say that a certain proposition is necessary, we do not mean that, things being what they are, or the world being as it is, it cannot fail to be true ; but rather that it could not fail to be true *no matter how* things were, or no matter what the world turned out to be like ».

Les définitions de l'*analytique* varient : sont analytiquement vraies, et donc nécessaires, selon une définition courante, les propositions qui sont vraies en vertu de leurs sens, indépendamment de toute vérification empirique. D'aucuns pensent que l'analytique englobe la nécessité logique. Plus généralement, il faut constater que la distinction faite entre la nécessité logique, analytique et synthétique est controversée et paraît, dans une certaine mesure, arbitraire.

Quoi qu'il en soit, du point de vue linguistique, ces distinctions ne sont pas, à notre avis, pertinentes pour ce qui est du modal *devoir*[6]. Ainsi, l'exemple (5a) est à considérer comme aléthique *stricto sensu*, parce qu'analytique, alors que (5c) serait dit épistémique, parce que synthétique,

---

[6] Cette distinction pourrait éventuellement avoir une pertinence linguistique secondaire au niveau des emplois contextuels et situationnels. *Cf. infra*, section 5.

exprimant une loi de la nature. Or, les propriétés linguistiques restent les mêmes dans les deux cas.

Si dans la tradition française on n'a généralement ni observé, ni théorisé le type d'exemples que nous venons de citer (5a-5c), dans la tradition anglo-saxonne, on reconnaît assez souvent l'existence d'exemples où un verbe modal véhicule la nécessité aléthique au sens restreint, tout en insistant sur leur marginalité. L'attitude de Sweetser (1990 : 59) est passablement représentative à cet égard : « I am fully in agreement with Palmer (1986) [7] », écrit-elle, « when he says that the so called *alethic* modalities of abstract necessity and possibility (however useful in formal logic) play a negligible role in natural language semantics ».

A notre avis, toute analyse digne de ce nom d'un modal comme *devoir* doit pouvoir rendre compte de l'interprétation aléthique *stricto sensu* de ce modal, quelque marginale que soit cette interprétation.

D'aucuns semblent vouloir résorber l'aléthique en l'intégrant dans l'épistémique. Ainsi Papafragou (1998 : 40) constate-t-elle que « since the boundaries of alethic and epistemic modal interpretations are often empirically hard to distinguish, there have been attempts at conflating the two types of modality. One line of argument has been to reduce alethic interpretations to epistemic interpretations ». Cette stratégie est mise en œuvre en deux temps.

Dans un premier temps, aussi bien la « certitude » que la « probabilité » sont assimilées à la nécessité épistémique : « Certainty and a relatively high degree of probability thus amount to epistemic necessity », affirment van der Auwera & Plungian (1998 : 4).

Dans un deuxième temps, la nécessité aléthique *stricto sensu* est assimilée à la nécessité épistémique par une sorte de subordination de l'aléthique à l'épistémique : ce qui est logiquement ou analytiquement vrai est en même temps une certitude du locuteur − « it remains the certainty of the speaker », écrivent van der Auwera & Plungian (1998 : 5). Ainsi, pour Dendale (1994), le modal *devoir* est-il épistémique dans l'énoncé analytiquement vrai que voici :

(9)   Cette figure *doit être* un cercle puisque la distance de chaque point de la
         circonférence au centre est partout identique. (Dendale 1994 : 34)

Ce type de raisonnement, qui n'a rien d'impossible en soi, a pour effet de gommer les différences de sens, essentielles à notre avis, qui séparent la « nécessité » de la « probabilité ». Tout au plus, ces différences sont conçues comme des effets de sens qui résultent du statut ontologique et/ou

---

[7]   Palmer (1986 : 11). *Cf.* Palmer (1979 : 3).

épistémologique variable des prémisses de l'inférence dont le modal *devoir* est le produit, ou de la nature même (déductive, abductive, inductive, etc.) de cette inférence. C'est là la position de Dendale (1994). Dans le même ordre d'idées, Meyer (1991 : 94) affirme que c'est la force de la conclusion que dénote *devoir* qui varie et non sa signification invariante : « was variiert [...], ist die Stärke der Konklusion ».

2. La tripartition des emplois de *devoir*

Evitant, pour des raisons linguistiques, aussi bien les sous-catégorisations philosophiques de la notion de « nécessité » que le gommage linguistique de la distinction entre la « nécessité » et la « probabilité », nous proposons, pour notre part, de distinguer trois significations (ou valeurs) fondamentales du modal *devoir* :

- *déontique*, exprimant l'« obligation »,
- *aléthique*, exprimant la « nécessité », qu'elle soit logique, analytique ou synthétique,
- *épistémique*, exprimant la « probabilité ».

C'est cette tripartition, qui constitue la *polysémie immanente* [8] du modal *devoir*, que nous tenons à défendre. Nous concentrerons notre attention, dans les pages qu'on va lire, sur la signification aléthique de *devoir* et sur ce qui la distingue de la signification épistémique de ce modal.

Pourquoi cette tripartition ? – ou, plus précisément, pourquoi cette bipartition en aléthique et épistémique du domaine de l'ETRE de l'espace sémantique associé à *devoir* ?

Premièrement, la *différence de sens* qui existe entre la « nécessité » et la « probabilité » semble, intuitivement, trop importante pour être occultée.

Deuxièmement, l'interprétation aléthique et épistémique de *devoir,* telles que nous les définissons, n'ont pas les mêmes *propriétés syntaxiques*, ce qui est inexplicable si on soutient que ce qui distingue ces deux interprétations, ce sont uniquement le statut ontologique et/ou épistémologique des prémisses dont *devoir* est le produit, et, corollairement, la force de la conclusion de cette inférence.

Troisièmement, ces deux interprétations n'ont pas non plus les mêmes *propriétés discursives*, ce qui est imprévisible à partir de l'analyse unitaire des interprétations aléthique et épistémique de *devoir*.

---

[8]   Kronning (1996 : chapitre 9).

Quatrièmement, il semble que l'interprétation aléthique précède *diachroniquement* l'interprétation épistémique, ce qui parle en faveur d'une analyse qui sépare ces deux valeurs modales [9].

Jusqu'ici, nous avons employé les mots « nécessité » et « probabilité » d'une façon non technique pour désigner les modalités aléthique et épistémique que dénote le modal *devoir*. Il est temps de donner nos définitions de ces deux valeurs modales :

(10) a. *devoir*$_{\text{ALETHIQUE}}$ = toute NECESSITE D'ETRE *véridicible, i. e.* justiciable d'une appréciation en termes de vérité ou de fausseté [10], que cette nécessité soit logique, analytique ou synthétique. Cette nécessité « exprime » prototypiquement une *nécessité absolue. Devoir*$_{\text{A}}$ est inscrit dans le contenu véridicible de l'énoncé (contenu propositionnel + opérateurs véridicibles, tels que les opérateurs de temps et d'aspect)

   b. *devoir*$_{\text{EPISTEMIQUE}}$ = toute NECESSITE D'ETRE *non véridicible* mais *montrable, i. e.* non justiciable d'une appréciation en termes de vérité ou de fausseté. Cette nécessité « exprime » un *haut degré de probabilité* (plus de chances d'être que de ne pas être), degré de probabilité qui peut varier d'un énoncé à l'autre. C'est la monstration qui explique que la NECESSITE D'ETRE que dénote *devoir*$_{\text{E}}$ produit l'effet de sens « probablement vrai [11] ». Montré, *devoir*$_{\text{E}}$ est consubstantiel au *hic et nunc* énonciatif et extérieur au contenu véridicible de l'énoncé (contenu propositionnel + opérateurs véridicibles).

   c. La NECESSITE DE... de (10a) et (10b) se définit comme le *produit d'une composition inférentielle* qui dénote l'*universalité mondaine* (« dans tous les mondes possibles ») à l'intérieur d'un certain *univers modal.*

La NECESSITE (10c) dont participent les significations aléthique et épistémique de *devoir* − ainsi que sa signification déontique, qui est une NECESSITE DE FAIRE ETRE *véridicible* − n'est autre que l'invariant sémantique du modal *devoir*, le « superschéma » du « réseau schématique » (Langacker 1987) associé à ce modal. Ni véridicible, ni montrable, dépourvu de domaine d'application (domaine du FAIRE ETRE ou de l'ETRE) et des propriétés configurationnelles nécessaires pour la constitution d'une *Gestalt* sémantique, cet invariant est probablement d'une saillance cognitive

---

[9] Ce point ne sera pas discuté ici. Voir Kronning (1990, 1996, à paraître a).

[10] Pour les notions de 'véridiction' et de 'monstration', qui remontent à la distinction qu'a fait Wittgenstein (1921) entre *zeigen* (« montrer ») et *sagen* (« dire »), voir Kronning (1996 : chapitre 5).

[11] Ce point est longuement argumenté dans Kronning (1996), argumentation qui ne sera pas reprise ici.

relativement faible. Voilà pourquoi nous considérons le modal *devoir* comme fondamentalement polysémique [12].

3. Propriétés syntaxiques de *devoir* aléthique

Les propriétés syntaxiques de *devoir* épistémique et de *devoir* aléthique ne sont pas, avons-nous dit, les mêmes. Ainsi, *devoir* épistémique est incompatible avec l'interrogation partielle et avec les subordonnées introduites par *puisque,* comme il ressort de (11) et (12) :

(11)   *Quand* est-ce que Paul travaille (+ *$doit_E$ travailler*) ? – Il travaille (+ *$doit_E$ travailler*) le dimanche.
(12)   Paul n'a pas pu venir, *puisqu'*il *$doit_E$ être* malade.

En revanche, *devoir* aléthique est parfaitement compatible avec ces deux types de constructions syntaxiques :

(13)   *Que $doivent_A$ être* l'homme et le monde pour que le rapport soit possible entre eux ? (Sartre 1943 : 38)
(14)   Par l'intermédiaire de la ressemblance de famille, la théorie du prototype devient une version *étendue* qui trouve à s'appliquer à tous les phénomènes de catégorisation polysémique, c'est-à-dire à tous les phénomènes de sens multiple dont les acceptions, *puisque* enchaînement au moins il *$doit_A$* y *avoir*, présentent un lien ou des liens entre elles. (Kleiber 1990 : 164).

Comment expliquer ces compatibilités et ces incompatibilités ?

Le substrat des interrogatives partielles – le *Paul travaille* de (11) – est (faiblement) présupposé, c'est-à-dire présenté comme vrai avant l'énonciation, ce qui explique qu'il est incompatible avec *devoir* épistémique qui, en tant que *modus* montré de l'énoncé, est consubstantiel au *hic et nunc* énonciatif (10b).

Par contre, véridicible, *devoir* aléthique, fait partie du substrat des interrogatives partielles : ce qui est présupposé dans (13), c'est qu'il y a des propriétés de l'homme et du monde qui sont nécessaires (*$doivent_A$*) pour que le rapport soit possible entre eux.

Si *devoir* épistémique et *devoir* aléthique ont le même comportement dans les subordonnées introduites par *puisque* (12, 14) que dans les interrogatives partielles (11, 13), c'est que le contenu de ce type de subordonnée est, sinon présupposé au sens strict, du moins présenté comme

---

[12]   Kronning (1996 : chapitre 7-11). Pour une discussion générale approfondie des problèmes soulevés par la plurivocité sémantique des expressions linguistiques, voir Kleiber (1999).

vrai préalablement à l'énonciation, ce contenu faisant l'objet d'une
« assertion préalable [13]».

L'emploi du verbe *devoir* comme « auxiliaire du futur » (*A-FUT*) (*Cf.*
Kronning 1994, 1996, 2001, à paraître a et b) est généralement considéré
comme épistémique : cet auxiliaire exprimerait un futur « probable » (*Cf.*
Sueur 1979), voire l'« incertitude liée au futur » (*Cf.* Huot 1974). A notre
avis, cet emploi relève de l'aléthique *lato sensu* (10a, 10c).

Constatons d'abord que dans un énoncé comme (15a) il est exclu que
devoir exprime la « probabilité », la paraphrase (15b) étant irrecevable :

(15) a. [« Prophétie de Syméon »] Syméon les bénit et dit à Marie [...] : Vois ! cet
          enfant *doit*$_{A-FUT}$ *amener* la chute et le relèvement d'un grand nombre en
          Israël. (Luc 2 :34, *Bible* 1975)
      b. *#Vois ! cet enfant *amènera probablement* (+ *sans doute* + *certainement*) la
          chute et le relèvement d'un grand nombre en Israël.

Or, même dans un énoncé comme (16), on peut soutenir que *devoir* exprime
la nécessité aléthique *lato sensu* (10a, 10c) :

(16)   Shimon Peres [...] est arrivé hier à Paris. Il *doit*$_{A-FUT}$ *s'entretenir* ce matin à
          l'Elysée avec le président François Mitterrand, quelques heures avant
          l'intervention télévisée de ce dernier. (*Le Matin* 17-08-1982 :9,1)

Cependant, cette nécessité ne vaut qu'à l'intérieur de l'univers modal
restreint convoqué par *devoir* dans cet énoncé. Cet univers restreint est
structuré par un scénario (Lakoff 1987 : 285), en l'occurrence le scénario de
la « visite officielle ». Ainsi, nous pouvons assigner la représentation
sémantique (17) à l'énoncé (16) :

(17)   Dans tous les mondes possibles de l'univers modal restreint convoqué par
          (16) et structuré par le scénario de la « visite officielle », Shimon Peres
          s'entretient ce matin à l'Elysée avec le président François Mitterrand.

Si probabilité il y a dans l'interprétation d'un énoncé comme (16), elle est
inférée. En effet, rien ne garantit que Shimon Peres s'entretienne
effectivement ce matin à l'Elysée avec François Mitterrand dans un autre
univers, indépendant de celui convoqué par le verbe modal de l'énoncé (16).

On objectera peut-être que, selon nos définitions (10b, 10c), *devoir*
épistémique exprime également une nécessité relative à un univers modal
donné qui est typiquement un univers restreint, tout comme l'univers modal
convoqué en (16). Or, cette nécessité épistémique (10b), qui produit l'effet de

---

[13]   Ducrot (1983).

sens « probablement vrai », n'est pas véridicible, à la différence de la nécessité aléthique (10a).

Pour pouvoir attribuer la signification aléthique à *devoir* « auxiliaire du futur » (15a, 16), il faudra donc montrer que *devoir* est véridicible dans cet emploi. Il s'avère en effet que *devoir* « auxiliaire du futur » se comporte du point de vue syntaxique exactement comme les cas de *devoir* aléthique que nous venons d'étudier (13-14) aussi bien par rapport à l'interrogation partielle qu'à la subordonnée introduite par *puisque*, c'est-à-dire qu'il est compatible avec ces deux types de constructions syntaxiques :

(18)   Quand est-ce que Paul *doit*$_{A\text{-}FUT}$ *partir* pour Paris ? – Il *doit*$_{A\text{-}FUT}$ *partir* demain.

(19)   Quand Shimon Peres *doit*$_{A\text{-}FUT}$-il *s'entretenir* à l'Elysée avec le président François Mitterrand ?

(20)   Paul ne peut pas venir demain, *puisqu*'il *doit*$_{A\text{-}FUT}$ *partir* pour Paris.

(21)   Un climat d'insécurité règne chez les travailleurs, qui en appellent aux pouvoirs. Appel entendu, *puisque*, aujourd'hui, les autorités cantonales et communales *doivent*$_{A\text{-}FUT}$ *rencontrer* la direction. (*Tribune de Genève* 04-03-1988)

Compatible, à la différence de *devoir* épistémique (11-12), avec ces constructions, *devoir* « auxiliaire du futur » est véridicible et, partant, nous pouvons le qualifier d'aléthique en conformité avec notre définition de cette modalité (10a).

4. Propriétés discursives de *devoir* aléthique

Devoir aléthique et *devoir* épistémique n'ont pas non plus les mêmes propriétés discursives. Ainsi, l'enchaînement discursif (22), qui renferme le modal *devoir* en interprétation épistémique, est recevable, alors que l'enchaînement discursif (23), qui contient un *devoir* aléthique, est irrecevable :

(22)   Le ciel se découvre. Le temps *doit*$_E$ être en train de *s'améliorer* [14].

(23)   Le ciel se découvre. Le temps **doit*$_{A\text{-}FUT}$ (+ va) *s'améliorer* [15].

La nécessité que dénote le modal *devoir* est, selon notre définition (10c), le produit d'une composition inférentielle. Les prémisses dont *devoir*

---

[14]   *Cf.* « (A propos d'un individu qui a l'oreille collée à une porte) Ça doit$_E$ être un psychopate. » (Tasmowski & Dendale 1994 : 51)

[15]   *Doit*$_{A\text{-}FUT}$ est irrecevable si l'on interprète les deux énoncés comme inférentiellement liés.

épistémique est le produit sont des prémisses convoquées *in præsentia* [16] qui représentent des états de choses « présent[s] dans la situation d'énonciation », typiquement « accessible[s] à la perception visuelle » du locuteur (*Cf.* Kronning 1994 : 288). Le premier énoncé du discours (22) – *Le ciel se découvre* – fournit une telle prémisse *in præsentia*.

Par contre, *devoir* aléthique, qui est incompatible avec de telles prémisses *in præsentia* – d'où l'impossibilité de l'enchaînement (23) –, exige des prémisses *in absentia*. Dans (24), le syntagme prépositionnel *d'après les prévisions météo* renvoie à des prémisses *in absentia* :

(24)   D'après les prévisions météo, le temps *doit*$_{A\text{-}FUT}$ *s'améliorer* demain.

Comment expliquer ces propriétés discursives qui distinguent *devoir* aléthique de *devoir* épistémique ?

Faisant toujours l'objet d'un acte de véridiction, le produit inférentiel que dénote *devoir* aléthique doit préexister à cet acte qui s'accomplit à travers l'énonciation et, à plus forte raison, les prémisses dont procède ce produit inférentiel ne peuvent être convoquées *in præsentia*, au moment de l'énonciation, mais doivent être convoquées avant l'acte d'énonciation. Cela est d'autant plus évident que, dans bien des cas, comme nous l'avons vu (13-14, 18-21), *devoir* aléthique appartient au contenu présupposé de l'énoncé.

Par contre, montré, consubstantiel au *hic et nunc* énonciatif, le produit inférentiel exprimé par *devoir* épistémique ne préexiste pas à l'acte d'énonciation, mais émerge de la convocation *in præsentia* des prémisses dont il résulte.

5. La polysémie transcendante de *devoir* aléthique

Il est possible de distinguer un certain nombre d'emplois contextuels et situationnels subsumés sous la signification aléthique de *devoir*, telle que nous l'avons définie (10a, 10c).

Ces emplois procèdent de l'« élaboration [17] » conceptuelle de cette signification, qui relève d'un niveau de « schématicité » (Langacker 1987) intermédiaire entre celui de l'invariant sémantique de *devoir* (10c) et celui de ses emplois contextuels et situationnels. Cette élaboration conceptuelle est essentiellement constituée par la spécification, inférée des indices contextuels et situationnels, de l'univers modal présupposé par *devoir* (10c) et de la nature de la composition inférentielle dont ce modal est le produit (10c).

---

[16]   Terme introduit par Dendale (1999).
[17]   Langacker (1987).

Les emplois contextuels et situationnels subsumés sous *devoir* aléthique font partie de la *polysémie transcendante* de ce modal dans la mesure où ces emplois sont suffisamment fréquents pour correspondre à une routine cognitive plus ou moins bien établie.

Bien que prédictibles à partir du contexte et de la situation de discours, ces emplois font partie de la compétence linguistique des locuteurs et doivent être appris, car, comme l'affirme Langacker (1991 : 3), « there is no way to predict precisely which array of extensions and elaborations – out of all those that are conceivable and linguistically plausible – have in fact achieved conventional status ».

Ces distinctions opérées, nous passerons en revue quelques emplois contextuels et situationnels de la signification aléthique *lato sensu* de *devoir* :

- Premier type d'emploi : la « nécessité analytique » proprement dite (dans laquelle nous incluons la nécessité logique), exemplifiée par (5a), déjà cité, ainsi que par (25) :

(25)　　Le langage ainsi défini, il faut [...] chercher quel est le caractère logique général *commun à tous les parlers possibles*. Ce caractère *doit*$_A$ *être* contenu dans le français même que nous parlons, car il *doit*$_A$ *imprégner* toute phrase, la plus simple comme la plus complexe. (Damourette et Pichon 1911-1940 : I, 49)

- Deuxième type d'emploi : la « nécessité analytique mathématique » (que Kant [1781 : 66 *sqq*] considérait comme synthétique *a priori*), exemplifiée par (26) :

(26)　　Un nombre premier *doit*$_A$ *être* impair. (Le Goff et Caron 1988 : 132)

- Troisième type d'emploi : la « nécessité analytique argumentative », exemplifiée par (27) :

(27)　　Un regret, ça *doit*$_A$ *être* inutile, ou alors ce n'est plus un vrai regret. (Beauvoir 1954 : 66)

L'analyticité argumentative est une analyticité construite par le locuteur à des fins argumentatives : le locuteur présente, à l'aide d'expressions valorisantes comme *vrai*, une propriété, telle que 'être inutile', comme étant la propriété définitoire d'un concept donné : 'un (vrai) regret'. Quoique passablement subjective, cette relation pseudo-analytique est irréfutable, car à qui rétorque au locuteur de (27) qu'il y a des regrets qui sont utiles, ce locuteur répondra : *alors ce n'est plus un vrai regret.*

- Quatrième type d'emploi : la « nécessité synthétique », exemplifiée par (5c), déjà cité, ainsi que par (28) :

(28)   Tous les hommes doivent$_A$ mourir. (Furetière 1690, Féraud 1787, Littré 1878)

- Cinquième type d'emploi : le « futur aléthique », exemplifié par (15a, 16, 18-21), déjà cités, ainsi que par (29) :

(29)   Est-ce de la Galilée que le Christ doit$_{A\text{-}FUT}$ venir ? (Jean 7 :41, Bible 1975)

- Sixième type d'emploi : le « futur aléthique du passé » dit « subjectif », exemplifié par (30) :

(30)   Cependant, pour Lisbeth, la date du départ approchait ; elle devait$_{A\text{-}FUT}$ quitter Paris le dimanche suivant. (Martin du Gard 1922-1923 : 225)

Vu exclusivement du passé, le procès futur est présenté comme devant se vérifier dans tous les mondes possibles de l'univers modal convoqué par devoir, mais rien n'indique si ce procès s'est effectivement inscrit dans cet univers au moment de l'énonciation.

- Septième type d'emploi : le « futur aléthique du passé » dit « objectif », exemplifié par (31) :

(31)   Le duc d'Aquitaine, Guillaume le Pieux, fonda au début du Xe siècle, à Cluny, [...] un monastère, d'où rayonna le prodigieux esprit clunisien dont l'influence civilisatrice sur le monde occidental devait$_{A\text{-}FUT}$ être prépondérante. (Gimpel 1980 : 9)

Dans ce cas, le point de vue prospectif à partir du passé qui est celui du « futur aléthique du passé » dit « subjectif », illustré par (30), est complété et dominé par un point de vue rétrospectif, instance de validation, située au moment de l'énonciation, qui vérifie la réalisation, antérieurement à ce moment, du procès modalisé et l'inscrit dans tous les mondes possibles de l'univers modal convoqué par devoir. Tributaire de l'irréversibilité ontologique du temps, la nécessité qu'exprime devoir dans (31) relève du « nécessaire conditionnel » au sens aristotélicien, modalité de « ce qui ne peut plus être soumis au changement [18] », souvent identifiée au « fatalisme » ou au « déterminisme ».

---

[18]   Gosselin (2001). Aristote discute ce type de nécessité en traitant le problème des futurs contingents dans le chapitre 9 de De l'interprétation.

- Huitième type d'emploi : la « nécessité anankastique » (*Cf.* Conte 1995, 1998 ; Kronning à paraître b), exemplifié par l'énoncé (32) :

(32)   Les candidats *doivent*_A *avoir* moins de 52 ans au moment de la nomination.

Exprimant une condition nécessaire, l'énoncé (32) est ce que von Wright (1963a : 10) appelle une *assertion anankastique* [19] : « A statement to the effect that something is (or is not) a necessary condition of something else I shall call an anankastic statement ». Ainsi, l'assertion (32) exprime la proposition anankastique 'avoir moins de 52 ans est une condition nécessaire pour être nommé à un poste donné'. Nous pouvons définir la *nécessité anankastique* comme une nécessité qui qualifie une condition (Kronning 1996 : 117).

Or, il nous semble évident que le modal *devoir* que renferme l'énoncé (32) ne dénote que la nécessité aléthique *lato sensu* (10a, 10c), et non la condition qualifiée, qui, en revanche, est récupérable dans la situation de discours et/ou dans le contexte linguistique.

Ainsi, nous savons que lors d'un concours de recrutement, situation de discours dans lequel est produit l'énoncé (32), on exige que les candidats remplissent certaines conditions.

Dans l'énoncé (13), c'est le contexte linguistique, plus précisément la conjonction *pour que*, qui contribue à exprimer la condition de la proposition anankastique qui constitue le substrat de cette interrogative partielle :

(13)   *Que doivent*_A *être* l'homme et le monde *pour que* le rapport soit possible entre eux ? (Sartre 1943 : 38)

L'importance de la catégorie de l'anankastique dans l'analyse linguistique des modaux ne se limite pas aux énoncés dans lesquels le verbe *devoir* exprime la nécessité anankastique. Cette catégorie cognitive joue également un rôle important dans notre analyse de l'« obligation pratique » (*Cf.* Kronning 1996) (2), modalité du FAIRE traditionnellement appelée « nécessité » :

---

[19]   L'adjectif *anankastique* remonte à Aristote, comme le constate A. Conte (1992 : 200) : « L'aggettivo *'anankastico'* [...] è l'addatamento dell'aggettivo greco [...] *'anankastikós'*, il quale a sua volta, deriva dal nome greco della necessità : [...] *'anánke'*. Aristotele stesso ha impiegato l'aggettivo [...] *'anankastikós'* ». Il ne l'emploie pourtant pas dans le même sens que le fait von Wright.

(2)   Pour atteindre le boulevard Montparnasse, j'*ai dû*$_{D\text{-}PR}$ me *frayer* un chemin à travers les couples dansants. (Mauriac 1933 : 187)

On a vu que, selon Sueur, un tel énoncé doit être paraphrasé ainsi : 'Les circonstances m'ont obligé à me frayer un chemin à travers les couples dansants'.

Pour notre part, nous définissons l'obligation pratique comme le produit d'une « inférence pratique ». L'inférence pratique, est, selon von Wright (1963b : 1), « a type of reasoning which logicians [...] have tended either to ignore or to misrepresent ». L'obligation pratique qu'exprime *devoir* dans (2) est le produit de l'inférence pratique que voici (transposée au présent pour des raisons de simplicité) :

(33) a. *But* : Je veux atteindre le boulevard Montparnasse.
      b. *Moyen* : Or, je considère que je n'atteindrai pas le boulevard Montparnasse sans me frayer un chemin à travers les couples dansants.
      c. *Conclusion* : Donc, je *dois*$_{D\text{-}PR}$ me *frayer* un chemin à travers les couples dansants.

L'affinité conceptuelle entre l'obligation pratique et la nécessité anankastique tombe sous le sens : l'inférence pratique dont procède l'obligation pratique présuppose la prise en compte d'une proposition anankastique, qui constitue la deuxième prémisse de cette inférence (33b). La premisse anankastique fournit le moyen dont se sert l'agent de l'obligation pratique pour atteindre son but.

Notre analyse de l'obligation pratique diffère radicalement de l'analyse traditionnelle qu'en fait Sueur, analyse qui occulte le caractère inférentiel et téléologique de cet emploi contextuel et situationnel de *devoir* [20].

6. Conclusion

Dans ce qui précède, nous avons défendu l'idée d'une tripartition de l'espace sémantique associé au modal *devoir* en distinguant, au-delà des significations déontique et épistémique traditionnellement reconnues, une signification aléthique *lato sensu* de *devoir*.

Nous avons essayé de montrer le bien-fondé de cette tripatition en recourant à des arguments proprement linguistiques. Ainsi la signification aléthique, avec ses multiples types d'emploi contextuel et situationnel,

---

[20]   Récemment, Papafragou (1998 : 24-25, 29-30), également inspirée de von Wright, a présenté une analyse de l'« obligation pratique » qui, en principe, est identique à la nôtre.

diffère-t-elle des significations déontique et épistémique aussi bien par ses propriétés sémantiques que par ses propriétés syntaxiques et discursives. Plus généralement, il y a lieu, nous semble-t-il, de remettre en question une certaine tradition linguistique cantonnée dans l'espace conceptuel bipartite des modalités déontiques et épistémiques, car, comme l'affirmait Maria-Elisabeth Conte (1995 : 3), « operare solo con queste due dimensioni modali comporta un grave appiattimento e porta ad interpretazioni errate di fenomeni linguistici ».

Références

ARISTOTE, *De l'interprétation*, traduction nouvelle et notes par J. Tricot, Paris 1977.

BYBEE, J. L., PERKINS, R. & PAGLIUCA, W., 1994, *The Evolution of Grammar. Tense, Aspect, and Modality in the Languages of the World*, Chicago and London, The University of Chicago Press.

COATES, J., 1983, *The semantics of the modal auxiliaries*, London, Croom Helm.

CONTE, A. G., 1992, « Deontica aristotelica », *Rivista internazionale di filosofia del diritto*, IV Serie, LXIX, 2, p. 178-252.

CONTE, M.-E., 1995, « Epistemico, deontico, anankastico », *In:* GIACALONE RAMAT, A. & CROCCO GALEAS, G. (éds.), 1995, p. 3-9.

CONTE, M.-E., 1998, « Enoncés modaux et reprises anaphoriques », *In:* FORSGREN, M., JONASSON, K. & KRONNING, H. (éds.), 1998, p. 139-146.

DAMOURETTE, J. & PICHON, E., 1911-1940, *Des mots à la pensée. Essai de grammaire de la langue française*, I-VII, Paris, Artrey.

DENDALE, P., 1994, « *Devoir* épistémique, marqueur modal ou évidentiel ? », *Langue française*, 102, p. 24-40.

DENDALE, P., 1999, « *Devoir* au conditionnel : valeur évidentio-modale et origine du conditionnel », *Cahiers Chronos*, 4, p.7-28.

DENDALE, P., à paraître, « Le futur conjectural *versus devoir* épistémique : différences de valeur et de restrictions d'emploi », *Le français moderne*.

DENDALE, P. & TASMOWSKI, L. (éds.), 2001, *Le conditionnel en français*, Metz, Université de Metz.

DUCROT, O., 1983, « *Puisque* : essai de description polyphonique », *In:* HERSLUND, M. e.a. (éds.), 1983, *Analyses grammaticales du français. Etudes publiées à l'occasion du 50ᵉ anniversaire de Carl Vikner, Revue romane, numéro spécial*, 24, p. 166-185.

FERAUD, J.-F., 1787, *Dictionaire Critique de la Langue Française*, reproduction fac-simile, Tübingen, Max Niemeyer Verlag 1994.

FORSGREN, M., JONASSON, K. & KRONNING, H. (éds.), 1998, *Prédication, assertion, information,* Uppsala, Acta Universitatis Upsaliensis.

FUCHS, C. (éd.), 1988, *L'ambiguïté et la paraphrase. Opérations linguistiques, processus cognitifs, traitements automatisés,* Caen, Centre de Publications de l'Université de Caen.

FURETIERE, A., 1690, *Dictionnaire universel,* Paris, Les Dictionnaires Robert 1984.

GIACALONE RAMAT, A. & CROCCO GALEAS, G. (éds.), 1995, *From Pragmatics to Syntax. Modality in Second Language Acquisition,* Tübingen, Gunter Narr.

GOSSELIN, L., 1991, *Les études psycholinguistiques des expressions ambiguës : un point de vue linguistique* (ms).

GOSSELIN, L., 2001, « Relations temporelles et modales dans le 'conditionnel journalistique' », *In:* DENDALE, P. & TASMOWSKI, L. (éds.), 2001, p. 45-66.

HUGHES, G. E. & CRESSWELL, M. J., 1968, *An Introduction to Modal Logic,* London, Methuen & Co.

HUOT, H., 1974, *Le verbe devoir. Etude synchronique et diachronique,* Paris, Klincksieck.

KANT, I., 1781, *Critique de la raison pure,* Traduction de J. Barni, revue par P. Archambault, Paris, GF-Flammarion 1987.

KLEIBER, G., 1990, *La sémantique du prototype. Catégories et sens lexical,* Paris, PUF.

KLEIBER, G., 1999, *Problèmes de sémantique. La polysémie en questions,* Lille, Presses Universitaires du Septentrion.

KRONNING, H., 1990, « Modalité et diachronie : du déontique à l'épistémique. L'évolution sémantique de *debere / devoir* », *Actes du XIᵉ Congrès des Romanistes Scandinaves,* 13-17 août 1990, Trondheim, Université de Trondheim, p. 301-312.

KRONNING, H., 1993, « Modalité et réorganisation énonciative de la phrase », *In: Actes du XXᵉ Congrès International de Linguistique et de Philologie Romanes,* Zürich, 6-11 avril 1992, publiés par G. HILTY, Tübingen et Bâle, Francke, tome I : La phrase (KLEIBER, G. & WILMET, M. (éds.)), p. 353-366.

KRONNING, H., 1994, « Modalité et temps : *devoir + infinitif* périphrase du futur », *In:* BOYSEN, G. (éd.), 1994, *Actes du XIIᵉ Congrès des Romanistes Scandinaves, Aalborg, 11-15 août 1993,* Aalborg, Aalborg University Press, Volume I, p. 283-295.

KRONNING, H., 1996, *Modalité, cognition et polysémie : sémantique du verbe modal 'devoir',* Uppsala et Stockholm, Acta Universitatis Upsaliensis et Almqvist & Wiksell International.

KRONNING, H., 2001, « Nécessité et hypothèse : *devoir* non déontique au conditionnel », *In:* DENDALE, P. & TASMOWSKI, L. (éds.), 2001, p.251-276.

KRONNING, H., à paraître a, « Auxiliarité, énonciation et rhématicité », *Cahiers Chronos.*

KRONNING, H., à paraître b, « Au-delà du déontique et de l'épistémique », *In: Per ricordare Maria-Elisabeth Conte : Semiotica e linguistica.*

LAKOFF, G., 1987, *Women, Fire, and Dangerous Things. What Categories Reveal about the Mind*, Chicago and London, The University of Chicago Press.

LANGACKER, R. W., 1987, *Foundations of Cognitive Grammar. Vol. I : Theoretical Prerequisites*, Stanford, California, Stanford University Press.

LANGACKER, R. W., 1991, *Concept, Image, and Symbol. The Cognitive Basis of Grammar*, Berlin, New York, Mouton de Gruyter

LE GOFF, M.-L. & CARON, J., 1988, « Etude sémantique expérimentale des verbes *pouvoir* et *devoir* », *In:* FUCHS, C. (éd.), 1988, p. 129-134.

LITTRE, E., 1878, *Dictionnaire de la langue française*, tome deuxième, Paris, Hachette.

MARTIN, R., 1987, « Le mot *puisque* et le 'prérequis' », *In: Etudes de linguistique générale et de linguistique latine offertes à Guy Serbat*, Paris, p. 271-278.

MEYER, W. J., 1991, *Modalität und Modalverb. Kompetenztheoretische Erkundungen zum Problem der Bedeutungsbeschreibung modaler Ausdrücke am Beispiel von* devoir *und* pouvoir *im heutigen Französisch*, Stuttgart, Franz Steiner Verlag.

PALMER, F. R., 1979, *Modality and the English Modals*, London, Longman.

PALMER, F. R., 1986, *Mood and Modality*, Cambridge, CUP.

PAPAFRAGOU, A., 1998, « Inference and word meaning: The case of modal auxiliaries », *Lingua,* 105, p. 1-47.

SEARLE, J. R., 1969, *Les actes de langage. Essai de philosophie de langage,* Traduction française par Hélène Pauchard, Paris, Hermann 1972.

SUEUR, J. P., 1975, *Etude sémantique et syntaxique des verbes* devoir *et* pouvoir, Thèse de doctorat, Université de Paris-X-Nanterre.

SUEUR, J. P., 1979, « Une analyse sémantique des verbes *devoir* et *pouvoir* », *Le Français moderne*, 2, p. 97-120.

SUEUR, J. P. 1983, « Les verbes modaux sont-ils ambigus ? », *In:* DAVID, J. & KLEIBER, G. (éds.), *La notion sémantico-logique de modalité*, Paris, Klincksieck, p. 164-180.

SWEETSER, E., 1990, *From etymology to pragmatics. Metaphorical and cultural aspects of semantic structure*, Cambridge, Cambridge University Press.

TASMOWSKI, L. & DENDALE, P., 1994, « *Pouvoir*E : un marqueur d'évidentialité », *Langue française*, 102, p. 41-55.

VAN DER AUWERA, J. & PLUNGIAN, W., 1998, « On Modality's Semantic Map », *Linguistic Typology*, 2:1, p. 79-124.

WITTGENSTEIN, L., 1921, *Tractatus Logico-Philosophicus*. Translated from the German by C. K. Ogden, 1922 [Avec le texte allemand original]. With an Introduction by Bertrand Russel, London et New York, Routledge.

WRIGHT, G. H. von, 1963a, *Norm and Action. A Logical Enquiry*, London, Routledge & Kegan Paul.

WRIGHT, G. H. von, 1963b, « Practical Inference », *In:* WRIGHT, G. H. von, 1983, p. 1-17.

WRIGHT, G. H. von, 1983, *Philosophical papers of Georg Henrik von Wright. Volume I : Practical Reason*, Oxford, Blackwell.

Sources non linguistiques des exemples cités

BALZAC, H. de, 1846, *La cousine Bette*, Paris, Le livre de poche 1984.

BEAUVOIR, S. de, 1954, *Les Mandarins I*, Paris, Folio (Gallimard).

La Bible de Jérusalem, Nouvelle édition, Paris, Desclée de Brouwer 1975.

BORNICHE, R., 1976, *Le Play-Boy*, Paris, Le Livre de Poche (Grasset).

GIMPEL, J., 1980, *Les bâtisseurs de cathédrales*, Paris, Seuil.

Le Matin, quotidien.

MARTIN DU GARD, R., 1922-1923, *Les Thibault I : Le cahier gris – Le pénitencier – La belle saison*, Paris, Folio (Gallimard).

MAURIAC, F., 1933, *Le nœud de vipères*, Paris, Le Livre de Poche (Grasset).

MONTHERLANT, H. de, 1954, *Port-Royal*, Paris, Gallimard (Folio).

SARTRE, J.-P., 1943, *L'être et le néant*, Paris, Tel Gallimard 1987.

Tribune de Genève, quotidien.

VOLTAIRE, F. M. AROUET, dit, 1759, *Candide, In:* VOLTAIRE, 1960, *Romans et Contes*, édition de H. BENAC, Paris, Classiques Garnier.

Valeurs de *devoir* dans les énoncés comportant *selon N* *

Christiane MARQUE-PUCHEU
Universités Paris-8 et Paris-X

« Pour la plupart des traditions linguistiques occidentales, l'ambiguïté reste une malédiction. Elle est perçue comme un irritant "défaut de fabrication" des langues naturelles, comme un "manque de perfection", comme une carence ou un accident.» (Sueur 1981 : 165)

0. Introduction

Les valeurs modales attachées à *devoir*, en particulier la valeur épistémique (probabilité) [1] et la valeur déontique, dite aussi « radicale » (obligation-nécessité), ont donné lieu à de nombreuses études linguistiques (*Cf.* Huot 1974, Picoche 1988, Pottier 1976, Roulet 1980, Sueur 1979, 1981, Tasmowski 1980) qui montrent qu'une valeur donnée peut dépendre de phénomènes syntaxiques, le temps jouant un rôle, ainsi que diverses transformations ; des considérations sémantiques influent également sur l'interprétation, comme le sens du verbe qui, dans la principale, commande la complétive, ou le domaine sémantique de certains adverbiaux.

Ainsi, Huot (1974 : 78) considère que *selon N*, où *N* se réfère à un humain [2], confère à *devoir* la valeur de probabilité. Sans doute cette interprétation a-t-elle été privilégiée par le fait que *devoir* est traditionnellement lié morphologiquement au conditionnel dit « de l'information incertaine » (*Cf.* Martin 1983: 146) ou encore « épistémique », c'est-à-dire à l'incertitude de l'information, à son caractère d'emprunt et surtout à l'absence de prise en charge par le locuteur (*Cf.* Dendale 1993 : 165). Or la description de *devoir* comme marqueur ayant une valeur « évidentielle » (*Cf.* Dendale 1994 : 25), c'est-à-dire un marqueur qui exprime une opération de création d'information, notamment d'inférence, est également valable pour les énoncés avec *selon* sans *devoir*, les syntagmes *selon N* indiquant une source à partir de laquelle on infère des informations grâce au raisonnement (*Cf.* Marque-Pucheu 1999). Cette communauté de

---

*   Je remercie Danielle Leeman et Jacqueline Giry-Schneider. Les remarques ultimes de mes relecteurs anonymes m'ont également permis d'améliorer sensiblement la dernière version.

1   La modalité épistémique précise la probabilité qu'il y a, selon le locuteur, pour que le contenu d'un énoncé soit vrai ou faux.

2   Désormais *Nhum*.

propriétés explique que *devoir* et *selon* peuvent être associés dans cette fonction inférentielle :

(1)   a.   Le transfert (juridique et financier) de l'activité de production
           d'équipements pour réseaux publics de radiocommunications (équipements
           de liaison radio) *doit*, quant à lui, être effectif au 1er janvier 1997, *selon la*
           CGT et la CFDT. Il concerne 430 des 500 salariés de l'usine Matra
           Communication de Châteaudun, qui travaillaient jusqu'à présent en sous-
           traitance pour le compte de Nortel Matra Cellular. (*Le Monde*, « Matra
           communication cherche un partenaire dans le téléphone portable », 23
           novembre 1996, p. 18, Philippe Le Cœur)
      b.   *Selon les experts*, le parc automobile européen *devrait* stagner autour de 31
           millions de véhicules de tourisme par an. (« Les petites japonaises bientôt
           coulées par le diesel ? » Nihon Keizai Shimbun, *Courrier international* n°
           360, 25 septembre au 1er octobre 1997, p. 30)

Rien ne s'oppose non plus à la valeur déontique de *devoir* dans les énoncés comportant *selon* :

(2)   *Selon le principal*, Luc *doit* se calmer s'il veut rester dans l'établissement.

La valeur de probabilité associée à *devoir* dans des énoncés comportant *selon Nhum* n'est donc pas exclusive ; de plus, l'examen des cas où le N ne se réfère pas à un humain révèle d'autres contraintes et d'autres possibilités.

L'étude de cette question suppose donc un double examen, celui des différentes valeurs de *devoir*, mais aussi celui de la nature sémantique et structurelle de la sous-séquence qui suit *selon* (§ 1). Une fois ces divers paramètres pris en compte, les énoncés comportant *selon* peuvent révéler l'incidence de *selon* sur ces valeurs (§ 2), même si le problème posé par cette incidence dépasse celui des jeux d'interférence qui se produisent quand un verbe se combine avec un adverbial.

1. Paramètres en jeu : valeurs de *devoir* et types de syntagmes en *selon N*
1.1. Chronologie des différentes valeurs de *devoir*

La séparation des sens du verbe *devoir* en français a sensiblement évolué depuis une trentaine d'années [3] et face à cette tâche, on voit les uns soucieux de donner un soubassement syntaxique à ces différentes valeurs, tandis que d'autres négligent cette donnée au profit de la structure sémantico-logique. Benveniste (1974 : 187-188) entérine les modalités logiques que constituent la modalité déontique (obligation) et la modalité épistémique (probabilité), qui indique l'échelle de certitude (possibilité / impossibilité) accordée par le

---

[3]   Pour une étude historique de la notion même de modalité, voir Meunier (1979).

locuteur à la vérité de son énoncé [4]. Si M. Gross (1968 : 77) reconnaît l'ambiguïté de ce verbe (obligation et éventualité) dans un exemple comme *Jean doit venir*, il ne juge pas utile de dédoubler l'entrée de dictionnaire (1975 : 162), faute de propriétés syntaxiques pertinentes à son classement. Huot (1974), elle, oppose la valeur déontique à la valeur épistémique en s'appuyant sur des transformations syntaxiques (interrogative, négative, passive, etc.) et sur des considérations sémantiques (domaine sémantique de tel ou tel adverbe à portée phrastique). A sa suite, arguant de paraphrases différentes et d'oppositions syntaxiques, Sueur (1979) distingue valeur épistémique et valeur déontique, cette dernière regroupant obligation et nécessité ; cette différence d'appellation au sein de la valeur déontique trouve sa justification dans le fait que l'agent est représenté soit par un humain (3) ou ses productions, soit par des circonstances (4) :

(3)   (X = A la demande du Préfet), seules les automobiles portant un numéro pair *doivent* circuler.

(4)   (X = Pour éviter les encombrements), les vacanciers *ont dû* voyager de nuit.

Sueur (1981 : 169) considère cependant que seules des paraphrases avec *obliger* (*les circonstances obligent, un humain oblige*) peuvent être sollicitées pour cette valeur de *devoir*. Le caractère causatif / agentif ne fait pas partie de la construction du verbe. Les arguments de Sueur sont donc d'ordre extra-linguistique car l'un des traits caractéristiques des modaux est que « l'indétermination quant à la nature de l'agent ou du causatif impliqué n'est pas une "carence" des verbes *devoir* ou *pouvoir*, mais est partie intégrante de leur sens. ». L'opposition X humain / X non restreint apparaissant dans les exemples (3) et (4) ne constitue pas une différence d'environnement syntaxique alors que l'opposition entre valeur radicale et valeur modale est, elle, de nature syntaxique ; obligation et nécessité sont donc regroupées sous un même chapeau (déontique). Partant des études de Huot (1974) et Sueur (1979), devenues désormais des références, Dendale (1994 : 25) franchit une étape supplémentaire : il montre, à la suite des Anglo-Saxons qui ont systématisé une intuition déjà présente chez Brunot (1922), Gougenheim (1938) et sporadiquement chez Sueur (1981 : 171 et 177), que la valeur évidentielle de *devoir*, qui consiste à générer des prémisses, à en inférer une / des conclusions et à en choisir une parmi celles-ci, est basique dans la valeur épistémique. Ainsi, dans l'exemple (5), la seconde phrase est déduite de l'information donnée dans la première :

---

[4]   Nous donnons une illustration de cette opposition entre valeurs radicales et valeurs épistémiques dans une étude de L'Homme *révolté* de Camus (*Cf.* Marque-Pucheu 2001).

(5)   Les taxis sont pris d'assaut. Il *doit* y avoir une grève des transports.

Parallèlement, Kronning (1996) ajoute aux deux valeurs traditionnelles, déontique et épistémique, une autre valeur, dite « aléthique » ; proche de la valeur de nécessité, la valeur aléthique s'en distingue néanmoins en ce sens qu'aucun agent n'est en jeu (Kronning 1996 : 78). Cette particularité apparaît dans l'exemple suivant :

(6)   Un nombre premier *doit* être impair. (Kronning 1996 : 70)

Il s'agit, notamment, d'énoncés qui sont vrais par définition, c'est-à-dire de phrases analytiques (*Cf.* Martin 1992 : 24), et qui sont le plus souvent des phrases en *être* comportant un nom classifieur (*Cf.* Gross 1981 : 49). Cette particularité apparaît aussi dans :

(7)   Tout ce à quoi on réfère *doit* exister. Appelons cela l'axiome d'existence.
          (Kronning 1996 : 27)

énoncé vrai par définition, même si aucune phrase en *être* n'est sous-jacente. Considérant le verbe *devoir* comme polysémique, Kronning donne pour argument syntaxique de la tripartition le fait qu'à chaque emploi mis en évidence correspond soit un type d'auxiliaire différent, soit un co-verbe. Cela étant, se plaçant dans une perspective cognitive, il propose une vision unifiée où la signification déontique serait le prototype catégoriel (*Cf.* Kronning 1996 : 134-143) ; figurant déjà chez Lyons (1980 : 410), cette hypothèse est argumentée, une représentation sémantico-logique légitimant chacune des trois valeurs (*Cf.* Kronning 1996 : 29-30).
        Y a-t-il lieu, linguistiquement, de séparer la valeur de nécessité et la valeur aléthique ? Le bien-fondé de cette distinction a souvent été remis en question, y compris l'interprétation aléthique elle-même qui n'est pas toujours claire (*Cf.* Wilmet 1998 : 229) : souvent cette valeur ne peut être attribuée qu'en contexte [5] et même là des hésitations demeurent. En outre, les critères linguistiques ont longtemps fait défaut. On retient actuellement plusieurs arguments. A la différence des énoncés où *devoir* a une valeur déontique de nécessité, ceux où il a une valeur aléthique ne comportent pas d'agent causateur de l'obligation, contrairement à (3) et (4). Et la paraphrase avec *obliger* ou *exiger* est impossible :

(8)   *La définition d'un nombre premier (oblige + exige) qu'il soit impair.

---

[5]   On ne saurait retenir ce point comme argument pour dénier l'existence de cette
        valeur en langue si l'on admet en principe que tout effet de discours a sa source
        dans le signifié de langue.

Seul le verbe *impliquer* est approprié (*La définition d'un nombre premier implique qu'il soit impair*). La valeur aléthique fonctionne entre autres dans l'univers axiomatique : des hypothèses ou des axiomes sont avancés et des conséquences obligatoires en sont déduites.

En dehors de ce point, une autre différence sépare les exemples (3) et (4) de l'exemple (6). Si les énoncés où la valeur est la nécessité déontique peuvent comporter *selon Nhum* :

(9)   *Selon les moniteurs*, les skieurs *doivent* mettre deux paires de gants parce qu'il fait froid.

ceux où la valeur de *devoir* est aléthique (synthétique) sont incongrus quand on leur adjoint *selon Nhum* :

(10)   ?? *Selon Max*, l'espace-temps *doit* être courbe.
(11)   ?? *Selon Max*, tous les hommes *doivent* mourir un jour. (Kronning 1996 : 36)

S'il s'agit d'un savoir universel (ou admis comme tel [6]), il paraît incongru de le rapporter à un seul individu. Cependant, l'exemple (10), énoncé d'une connaissance universelle (ou admise comme telle dans un cercle de mathématiciens-physiciens) associé à un humain, perd son caractère incongru si le nom introduit par *selon* est, par exemple, le découvreur, c'est-à-dire un « énonciateur habilité » dont le dire est rapporté :

(12)   *Selon Einstein*, l'espace-temps *doit* être courbe.

Remarquons qu'ici, *doit être* est synonyme de *est*, ce qui exclut une interprétation épistémique. Les énoncés aléthiques comportant *selon* suivi d'un autre terme que « l'énonciateur habilité » seront souvent contradictoires, l'universalité de la proposition énoncée ne s'accordant pas avec le caractère contingent d'un énonciateur non habilité. Mais ce critère est de nature plus référentielle que linguistique et ne saurait être retenu au même titre que les précédents.

1.2. Les différentes natures des syntagmes *selon N*

La nature sémantique et structurelle de la sous-séquence qui suit *selon* joue un rôle crucial dans la définition des variantes d'un schéma ternaire applicable à *selon* et qui met en jeu inférence, source et position du locuteur

---

6   Certaines assertions ne vont évidemment pas de soi. Pour plus de détails sur cette question, voir Kleiber (1997).

(*Cf.* Marque-Pucheu 1999 : 112). L'interprétation de *devoir* est elle-même conditionnée par la nature de cette sous-séquence.

Précédant un nom référant à un humain, *selon* indique une réserve en ne présentant qu'une opinion parmi d'autres et c'est cet emploi que retiennent volontiers les linguistes (*Cf.* Charolles 1987, 1997) :

(13)   Selon le témoin, la voiture roulait à gauche.

Cette caractéristique est partagée par certains syntagmes avec *selon* introduisant un substantif non humain. Il s'agit, d'une part, de nominalisations de verbes de communication où, dans cette classe sémantique homogène *dire* est le verbe de communication standard :

(14)   Selon les (dires + conclusions + révélations + aveux + prévisions + indications) des experts, le dollar va remonter.

et d'autre part, de noms prédicatifs de parole à verbe support *avoir* (*Cf.* Giry-Schneider 1994) :

(15)   Selon l'(avis + idée + opinion) des experts, le dollar va remonter.

Des opérations intellectuelles représentables comme *statistiques* ne sont qu'un cas particulier de la notion de message inhérente à ces substantifs :

(16)   A la fin du mois de novembre, [les SICAV] affichaient un gain moyen de 24,09 %, *selon les statistiques* de l'agence d'informations financières Fininfo. (« Les SICAV investies en actions ont été de loin les plus performantes en 1996 », *Le Monde* 14 décembre 1996, Pierre-Antoine Delhommais)

Ces noms s'observent comme variantes distributionnelles des sujets des verbes de communication qui sont humains par définition :

(17)   Les statistiques (E [7] + des experts) indiquent que les SICAV affichent un gain moyen de 24,09 %.

Parmi les productions humaines on peut également compter des termes hyponymes de *loi* comme dans :

(18)   Selon la Charte, ce régime est une monarchie.

---

[7]   *E* représente la catégorie vide.

Mais une différence syntaxique sépare ces suites de l'ensemble des syntagmes *selon N*. Elles peuvent être rattachées à un SN (19), alors que toutes les autres suites sont obligatoirement rattachées au nœud P :

(19)   Ce régime est une monarchie selon la Charte.

Associée à un hyponyme de *loi*, la préposition *selon* s'analyse de deux manières différentes en fonction de sa place. Détaché en position frontale (18), c'est un adverbial portant sur l'énonciation et analysable par une paraphrase dans laquelle il porte sur un verbe support sous-jacent qui indique que l'énonciateur limite la validité de l'énoncé à un champ référentiel particulier (*Je me place selon la Charte*). Non détaché, en position finale, c'est un adverbial portant sur un constituant de la phrase : soit un verbe comme dans *agir selon la loi*, soit un GN comme dans (19) et dans ce cas, *selon* est équivalent à *conforme à* ; il peut s'observer alors dans une phrase en *être* (*cette monarchie est selon la Charte*). La mise à la forme négative confirme cette différence :

(18) a.   Selon la Charte, ce régime n'est pas une monarchie.
(19) a.   Ce régime n'est pas une monarchie selon la Charte.

La négation porte respectivement sur la proposition (18a) et sur l'adverbial (19a).

Enfin, nous observons aussi des emplois où figurent des noms spécifiques :

(20)   Les prix ont augmenté. Selon toute (évidence + vraisemblance + probabilité + logique), les autorités monétaires pourraient augmenter les taux à court terme.

Ces adverbiaux sont quasi-figés. Alors que *selon* commute avec *d'après* dans les exemples précédents quand il est rattaché au nœud P, une modification régulière de la structure interne de ces syntagmes *selon toute N* n'est pas possible, tel le remplacement de *selon* par une autre préposition, sauf pour *selon toute logique* [8] où *en* commute avec *selon*. Les trois formulations *Selon toute N*, *Il est Adj-n que* et *Adj-ment* commutent et sont paraphrastiques :

---

[8]   Comme les formes *en toute N* (Gross 1986 : 168 ; Leeman 1998 : 125-126), les formes *selon toute N* présentent la caractéristique de sélectionner un substantif féminin. Le recoupement de notre étude avec celles de Gross et de Leeman indique que c'est le déterminant *toute* qui induit cette contrainte (**selon tout bien-fondé*, **en tout franc-parler*).

(21)   Selon toute (évidence + vraisemblance + probabilité + logique), les autorités
          monétaires pourraient augmenter les taux à court terme.
          = Il est (évident + vraisemblable + probable + ?logique [9]) que les autorités
          monétaires pourraient augmenter les taux à court terme
          = (Evidemment + Vraisemblablement + Probablement + Logiquement) les
          autorités monétaires pourraient augmenter les taux à court terme.

Ces équivalences indiquent que les syntagmes *selon toute N* sont des formes
modales: elles traduisent l'attitude du sujet parlant à l'égard de l'énoncé.
Même si elles ne renvoient pas explicitement à un énonciateur, elles
renvoient « anonymement au certain, au vraisemblable, au plausible » (*Cf.*
Martin 1992 : 48). Dans ces phrases il y a un *pour moi* implicite et
explicitable : *Il est Adj pour moi que P.* Le locuteur s'engage plus ou moins à
l'égard de la vérité de la proposition selon le lexème utilisé. Ces adverbiaux
ont souvent été qualifiés de « subjectifs » (*Cf.* Meunier 1974 : 145, Traugott
1989 : 46).

2. Valeurs de *devoir* dans les énoncés comportant *selon N*

De prime abord, *selon Nhum* n'exerce aucune influence particulière sur
l'interprétation de *devoir* :

(22)   *Selon Luc*, il *doit* pleuvoir.

peut s'analyser :

(22)   a.   Selon Luc, il faut qu'il pleuve.
       b.   Selon Luc, il pleut sans doute.

Le contexte de (22a) peut être *Pour que la récolte ne soit pas compromise*,
celui de (22b) *En ce moment, à Perpignan*. Cette ambiguïté reproduit celle de
nombreuses phrases comportant *devoir* au présent (*Cf.* Huot 1974 : 49). Et à
l'intérieur de la valeur de probabilité, rien n'indique si *Il doit pleuvoir* fait
référence au temps présent ou au futur, alors que cette ambiguïté n'existe pas
dans *Il pleut*. Mais l'étude d'autres exemples va révéler que l'ambiguïté ou la
non-ambiguïté de *devoir* est tributaire de la structure et du sens de la suite
selon N. De plus, l'introduction d'une forme comme *selon* rompt l'échelle de
subjectivité plus ou moins forte affectant la modalité. Rappelons l'exemple –
repris à Lyons (1982 : 109) – cité par Traugott (1989 : 36) :

(23)   You must be very careful.

---

[9]   Sans doute la phrase suivante sera-t-elle plus acceptable : *Il est logique* de
        penser *que les autorités pourraient augmenter les taux.*

qui le considère comme quatre fois ambigu. Elle décèle une valeur déontique faiblement subjective (23a), une valeur déontique fortement subjective (23b), une valeur épistémique faiblement subjective (23c) et une valeur épistémique fortement subjective (23d) :

(23) a. You are required to be very careful.
     b. I require you to be very careful.
     c. It is obvious from evidence that you are very careful.
     d. I conclude that you are very careful.

Cette gradation à quatre niveaux s'observe également en français dans *Vous devez être très prudent*. Mais l'insertion d'un *selon moi* (*Selon moi vous devez être très prudent*) limite à trois valeurs l'ambiguïté : deux valeurs déontiques, l'une étant fortement subjective, l'autre faiblement subjective, et une valeur épistémique, c'est-à-dire respectivement *J'exige que vous soyez très prudent* (23b), *Il faut que vous soyez très prudent* (23a) et *Il y a une certaine probabilité pour que vous soyez très prudent* (23d).

Il est facile d'attribuer une valeur ou une autre à *devoir* avec certains adverbiaux quand les phrases où ils figurent sont issues de phrases formées d'une principale et d'une complétive comportant *devoir,* comme dans :

(24)   Jean *doit* bien entendu se présenter.
(25)   Il est bien entendu que Jean *doit* se présenter.

et qu'il a été démontré que la valeur de *devoir* est fortement dépendante de la valeur sémantique du verbe ou de l'adjectif qui dans la principale commande la complétive (*Cf.* Huot 1974:77-78). En ce qui concerne les énoncés comportant *selon N*, l'attribution d'une valeur ou d'une autre à *devoir* dépendra soit de la nature sémantique ou structurelle de la sous-séquence qui suit *selon*, soit de la présence de certains termes qui conditionnent déjà une interprétation plus qu'une autre. L'étude du contexte droit devrait également être examinée, l'analyse des syntagmes *selon N* se limitant rarement à la phrase (*Cf.* Charolles 1997).

2.1. Valeur évidentielle

Si l'on admet le point de vue de Dendale (1994 : 38), en plus de la valeur évidentielle, *devoir* a toujours une valeur modale, par exemple celle, rare, de probabilité :

(26)   « L'enfer *doit* être ainsi : des rues à enseignes et pas moyen de s'expliquer. » (Camus, *La Chute*, exemple cité par Dendale 1994 : 34)

C'est donc la valeur évidentielle qui est basique, l'étape de l'inférence étant susceptible de prendre la forme d'une déduction ou d'une induction, d'un calcul ou d'une estimation (*Cf.* Dendale 1994), créant ainsi une information. Ainsi, cette valeur de *devoir* apparaît en contrastant les deux exemples :

(27)   Max n'a pas été réélu. Il est déçu.
(28)   Max n'a pas été réélu. Il *doit* être déçu.

Dans le second, le locuteur, en utilisant le verbe *devoir*, indique qu'il infère l'information concernant l'état moral de Max à partir de la prémisse *Max n'a pas été réélu*, alors qu'aucune inférence n'est explicite dans le premier [10]. Or, nous avons constaté (*Cf.* Marque-Pucheu 1999) que *selon* peut jouer le rôle que joue ici *devoir* :

(29)   Max n'a pas été réélu. Selon Luc, il est déçu.

Selon Luc, qui marque l'opération de création d'information, est alors paraphrasable par *selon les suppositions de Luc*. Indiquant une inférence, *selon* a donc la valeur évidentielle qu'a *devoir* dans l'exemple (28), à ceci près que l'auteur de l'inférence n'est pas le même en (28) et en (29).
    Par ailleurs, il est possible de trouver le verbe *devoir* associé à *selon*, notamment dans cette fonction inférentielle (*Cf.* Marque-Pucheu 1999) :

(30)   *Selon les tests génétiques*, X *doit* être le tueur en série.
(31)   *Selon le commissaire*, X *doit* être le tueur en série.

Dans les exemples (30) et (31), l'inférence est réalisée respectivement par le locuteur – via ce qu'il sait des tests – et le commissaire. Le déclenchement d'une inférence n'est pas limité à ce type de syntagmes avec *selon* puisque les adverbiaux modaux en *selon* (§1.2.) acceptent cette association avec *devoir* :

(32)   Les prix ont augmenté. Selon toute (évidence + vraisemblance + probabilité
         + logique), les autorités monétaires *doivent* augmenter les taux à court
         terme.

A partir d'un certain nombre d'informations provenant éventuellement de sources multiples, le locuteur infère une conclusion présentée par lui comme vraisemblable (*selon toute vraisemblance*), évidente (*selon toute évidence*),

---

[10]   Il va de soi que l'absence de marqueur inférentiel n'interdit pas l'inférence.
         Pour les restrictions dans les juxtapositions de phrases exprimant la cause et le
         résultat, voir Danlos (1985 : 105).

etc., selon son degré de certitude. C'est de cette manière aussi que la valeur évidentielle de *devoir* a été définie.

Dans les exemples comme (30) à (32), où *devoir* a cette valeur évidentielle, *selon* indique trois choses : premièrement l'origine de l'information – qu'il s'agisse d'un être humain (31) ou de ses productions (30) – deuxièmement la non-prise en charge de l'information par le locuteur et troisièmement l'absence de véracité absolue de l'information, comme l'atteste l'impossibilité ?*selon toute certitude* [11]. Ces trois caractéristiques sémantiques de *selon N* reviennent à l'assimiler au conditionnel épistémique, qui peut présenter ces trois valeurs simultanément, la valeur d'emprunt y étant toujours stable [12], comme l'a noté Charolles (1987 : 252). Il est d'ailleurs impossible de préciser lequel, entre le locuteur et celui qui est désigné par le nom qui suit *selon*, prend à son compte l'incertitude liée au conditionnel, en somme de décider si l'on a affaire en (33) à une information « de première main » (*je dis que*) ou à du discours rapporté (*le cambiste dit que*) :

(33)   *Selon le chef cambiste d'une grande banque,* un tiers des effectifs serait menacé. (« Internet veut détrôner les cambistes », Simon Kuper, *Courrier international* 360, 25 septembre au 1er octobre 1997, p. 30)

Or *selon* est souvent combiné syntagmatiquement au conditionnel et en particulier à celui de *devoir*. Dendale (1999) remarque que *devrait* évidentio-modal « est ressenti comme moins certain que » *doit* évidentio-modal, témoin de cela la présence de marques indiquant un « cadre de validité » (*Cf.* Tasmowski & Dendale 1994 : 49) telles que *en principe, à en juger d'après ses remarques, en toute logique, sauf erreur de ma part*, etc. Or *selon N* peut jouer ce rôle et indiquer que la validité de la conclusion du locuteur est subordonnée à celle des données prises en considération, telles *les indications* dans (34) :

(34)   *Selon les indications* données par Max, nous *devons* être arrivés.

Si *doit* n'est pas exclu, il a plutôt le statut de conclusion et *devrait* celui de prévision (*Cf.* Tasmowski & Dendale 1994 : 51). La même analyse peut s'appliquer dans l'exemple suivant :

(35)   La compagnie de pétrole *devrait* enregistrer cette année une progression minimale de 30% *selon l'actuel carnet de commandes.*

---

[11]   Alors que *selon toute évidence* est accepté.

[12]   Mais la valeur du conditionnel avec *devoir* n'est jamais celle d'un conditionnel de citation (*Cf.* Haillet 1995 : 207), l'indication d'un emprunt de l'information ne peut en aucun cas être attribuée au morphème du conditionnel.

Un calcul estimatif est fait à partir des prémisses ; les données chiffrées non exprimées de l'*actuel carnet de commandes* indiquent le cadre de validité.

2.2. Valeur déontique

Selon Nhum peut s'observer dans des phrases comme :

(36)   Enfin, *il convient, selon les auteurs*, de revoir la politique d'aménagement du territoire, qui conduit à des surenchères dans les subventions et au gaspillage de l'argent public. («Les entreprises françaises restent imperméables aux technologies de l'information», Martine Orange, *Le Monde*, jeudi 2 octobre 1997, p. 16)

(37)   Se défendant par avance contre toute accusation d'ultralibéralisme, l'ancien ministre du budget a énoncé les valeurs sur lesquelles *il faut, selon lui*, s'appuyer : équité, responsabilité individuelle, mérite et promotion. (*Le Monde* 1996, 17 décembre, p. 17, M. Balladur ironise sur la «pensée unique» du «conservatisme intellectuel social-démocrate», Jean-Louis Saux)

qui traduisent, sinon des actes de requête (*Cf.* Roulet 1981), du moins l'expression d'une opinion sur ce qui est souhaitable (voir également (38)). *Selon* introduit tour à tour un nom qui réfère à un humain (38) et un nom qui est une production humaine (39-40) :

(38)   *Selon le médecin*, il *doit* garder le lit.
(39)   Nous avons une loi et *selon cette loi* il *doit* mourir.
(40)   Le mot de libéralisme est rafraîchissant, au sortir des deux grands totalitarismes qu'a connus le XXe siècle. Il l'était moins et l'est toujours peu, lorsque sur le plan économique il se traduit par la liberté du plus fort d'écraser le plus faible.
         Il ne l'est guère non plus lorsqu'il exprime *une idéologie selon laquelle* le commerce des idées *doit* être non moins libre que celui des travailleurs et des marchandises. («Des morts qui fassent signe», *Le Monde*, 4 décembre 1996, p. 14, Jean Bastaire)

Si *selon* est associé à *loi* ou à ses hyponymes, cela induit toujours des énoncés où *devoir* a une valeur déontique. S'il est associé à un humain cependant, la phrase est ambiguë entre une interprétation déontique et une interprétation épistémique :

(41)   *Selon certains experts* du secteur, les pays consommateurs *devraient* plutôt renforcer leurs réserves de sécurité.

Mais dans l'exemple suivant, où un contexte plus large est donné, *selon* impose une interprétation d'obligation du verbe *devoir* :

(41) a. *Selon certains experts* du secteur, les pays consommateurs *devraient* plutôt renforcer leurs réserves de sécurité au lieu d'y puiser. Les niveaux actuels ont été décidés en fonction des réalités économiques des années 70 [...] («Vers un nouveau choc pétrolier?» Blushan Bahree, *Courrier international* 352, 31 juillet au 20 août 1997, p. 27)

La "source", *certains experts*, vise, par l'intermédiaire de l'adverbe *plutôt* corrélé à *au lieu de*, à faire agir *les pays consommateurs*. De plus, le trait humain du sujet collectif (*les pays consommateurs*), qui est doté potentiellement d'agentivité, rend possible l'interprétation déontique de *devoir*. Cette interprétation n'est obligatoire qu'en vertu de la présence de *au lieu de* qui indique une alternative. Sa suppression rend l'énoncé ambigu (41). Par rapport à un présent de l'indicatif, le conditionnel dans cet exemple a valeur d'atténuation (*Cf.* Dendale 1999) et *devrait* est synonyme de *ferait mieux de*. Dans l'exemple suivant, nous n'avons pas cette interprétation déontique :

(42)   *Selon la Compagnie Bancaire*, cette dernière opération, tout comme les précédentes d'ailleurs, de restructuration d'UCB Group ne *devrait* pas avoir d'impact net significatif sur les résultats consolidés de la Compagnie Bancaire. («Outinord enregistre une forte hausse de ses ventes à l'exportation», Olivier Ducuing, *Les Echos*, 5 août 1997, p. 8)

Le sujet non humain, *cette dernière opération*, n'y est pas potentiellement doté d'agentivité. Associé à *selon*, le verbe *devoir* correspond alors à une possibilité dans le futur.
        Enfin, la valeur déontique est compatible avec les syntagmes *selon toute N* :

(43)   Il *devra, selon toute probabilité*, prendre sa retraite après le scandale dont il est à l'origine.

Toutefois, elle est non corrélée à leur présence, mais corrélée à un agent causateur (*le scandale*) et à une forme temporelle compatible (ici un futur). La suppression de ces deux facteurs n'impose plus cette valeur :

(43) a. Il *doit, selon* toute (apparence + évidence + vraisemblance + probabilité + logique), prendre sa retraite.

2.3. Aléthique

Nous avons émis des réserves importantes sur la possibilité d'observer *selon Nhum* dans des énoncés où *devoir* a une valeur aléthique (1.1.). En ce qui concerne les noms hyponymes de *loi*, c'est-à-dire des productions humaines régissant des conduites, la suite *selon N* est perçue comme agentive, ce qui est contraire à la définition d'aléthique. L'association des syntagmes *selon toute N* est également interdite :

(44)   ??*Selon toute probabilité* tous les hommes *doivent* mourir.

Ces emplois supposent un raisonnement ; or une définition ne se déduit pas d'un raisonnement. Car une caractéristique des énoncés où *devoir* a une valeur aléthique est de ne laisser la place ni au raisonnement (en particulier dans les phrases définitionnelles) – ce qui les oppose aux énoncés où *devoir* a une valeur évidentielle – ni à la présence d'un agent, humain ou non (voir 1.1.).

3. Conclusion

Nous avons regroupé sous une même appellation *selon N* des syntagmes présentant cependant des différences structurelles. En effet, qu'il s'agisse de *selon N*, où *N* réfère à un humain, *selon la loi*, *selon les dires de N* ou encore *selon toute N*, ces différentes réalisations lexicales renvoient explicitement ou non à une source d'information : nommément, en la personne d'un humain, ou – par métonymie – par le biais d'une production humaine (*conclusions*, *loi*), mais aussi anonymement (*selon toute probabilité, logique*, etc.). Cette caractéristique partagée autorisait à envisager globalement les syntagmes *selon N* dans leur interaction avec *devoir*.
      Leur compatibilité avec les différentes valeurs de *devoir* que nous avons retenues (déontique, épistémique au sens large, c'est-à-dire évidentielle avec probabilité ou non, et aléthique) nous conduit pourtant à une certaine prudence vis-à-vis de deux types de simplification outrancière. La première est que *selon* suivi d'un substantif référant à un humain n'impose pas exclusivement la valeur épistémique (évidentielle), les phrases étant souvent ambiguës et renvoyant à deux types d'interprétations, voire trois. La seconde est que chaque syntagme avec *selon* représente une configuration particulière. Un substantif humain autorise les valeurs déontique, épistémique (évidentielle) et la valeur aléthique, la valeur déontique étant étroitement liée à celle de sujet agentif et à des contextes où une disjonction est exprimée, et la valeur aléthique avec certaines réserves d'ordre référentiel, puisqu'elle est subordonnée au fait que l'énonciateur est « habilité ». Un substantif non humain après *selon* recouvre deux types de substantifs et, partant, deux

valeurs possibles : *loi* et ses hyponymes imposent une valeur déontique, tandis que les autres substantifs (*dires*, *écrits*) peuvent recevoir l'interprétation déontique ou épistémique, les contraintes liées au contexte et imposées par la valeur déontique étant les mêmes que précédemment. En ce qui concerne enfin les syntagmes *selon toute N*, la valeur de *devoir* peut être déontique, mais cette interprétation est induite par d'autres unités de la phrase, ces formes modales induisant une valeur épistémique (évidentielle). On constate donc que les noms hyponymes de *loi* sélectionnent la valeur déontique du verbe *devoir* au même titre que les humains ; *selon* est paraphrasable par *si l'on se réfère à N*. Cette communauté d'interprétation permet d'une part d'établir un pont entre deux sens de *selon* habituellement séparés par les dictionnaires et, surtout, de révéler la valeur déontique de *devoir* associé à *selon*.

Les deux unités mises en présence, *selon* et *devoir*, ne l'ont pas été par hasard : les sujets abordés se recoupent. De même que les linguistes ont distingué deux valeurs fondamentales de *devoir*, nous distinguerons deux valeurs principales de *selon*. Le premier *selon* est « radical », synonyme de *conformément à* ; il introduit un humain prescriptif et agentif (*conformément à ce que préconise N*) ou *une loi*, et *devoir* prend alors une valeur d'obligation. Le second *selon* est épistémique (évidentiel). Enfin, *selon* aléthique est redondant avec *devoir* et introduit presque une circularité dans la phrase (*selon la définition N doit être un N*). Au-delà de cette partition identique, *selon* et *devoir*, quelles que soient les valeurs, partagent une propriété commune : leur présence dans la phrase indique une distance entre le locuteur et son énoncé, trait signalé par Sueur (1981 : 176) à propos de *devoir*. Ainsi, *Selon Luc, Pierre viendra* et *Pierre doit venir* sont moins affirmatifs que *Pierre viendra*. La vérification de l'application possible de nos conclusions au verbe *pouvoir* est une autre voie de recherche.

Références

BENVENISTE, E., 1974, *Problèmes de linguistique générale,* Paris, Gallimard.

BRUNOT, F., 1922, *La pensée et la langue*, Paris, Masson & Cie.

CHAROLLES, M., 1987, « Spécificité et portée des prises en charge en "*SELON A*" », *Revue européenne des sciences sociales*, XXV:17, p. 243-269.

CHAROLLES, M., 1997, « L'encadrement du discours : univers, champs, domaines et espaces », *Cahiers de recherche linguistique de l'URA 1035*, 6, p. 1-73.

DANLOS, L., 1985, *Génération automatique de textes en langues naturelles*, Paris, Masson.

DENDALE, P., 1993, « Le conditionnel de l'information incertaine : marqueur modal ou marqueur évidentiel ? », *In:* HILTY, G. (éd.), 1993, *Actes du XXe Congrès International de Linguistique et Philologie Romanes*, Tübingen, Francke, vol. 2, p. 165-176.

DENDALE, P., 1994, « *Devoir* épistémique, marqueur modal ou évidentiel ? », *Langue française*, 102, p. 24-40.

DENDALE, P., 1999, « *Devoir* au conditionnel : valeur évidentio-modale et origine du conditionnel », *Cahiers Chronos*, 4, p. 7-28.

DUBOIS, J., 1969, *Grammaire structurale du français. La phrase et les transformations,* Paris, Larousse.

GIRY-SCHNEIDER, J., 1994, « Les compléments nominaux des verbes de parole », *Langages*, 115, p. 103-125.

GOUGENHEIM, G., 1938, *Système grammatical de la langue française*, Paris, d'Artrey.

GROSS, M., 1968, *Grammaire transformationnelle du français. Syntaxe du verbe,* Paris, Larousse.

GROSS, M., 1981, « Les bases empiriques de la notion de prédicat sémantique », *Langages*, 63, p. 7-52.

GROSS, M., 1986, *Grammaire transformationnelle du français. 3– Syntaxe de l'adverbe,* Paris, Asstril.

HUOT, H., 1974, *Le verbe DEVOIR : Etude synchronique et diachronique,* Paris, Klincksieck.

KLEIBER, G., 1997, « Sens, référence et existence : que faire de l'extra-linguistique ? », *Langages*, 127, p. 9-37.

KRONNING, H., 1996, *Modalité, cognition et polysémie : sémantique du verbe modal* devoir, Uppsala, Acta Universitatis Upsaliensis.

LEEMAN, D., 1998, *Les circonstants en question(s)*, Paris, Kimé.

LYONS, J., 1982, "Deixis and subjectivity. Loquor, ergo sum ?", *In:* JARVELLA, R. J. & KLEIN, W. (éds.), 1982, *Speech, place, and action : Studies in deixis and related topics,* Chichester, John Wiley and Sons, p. 101-124.

MARQUE-PUCHEU, Chr., 1999, « Source, inférence et position du locuteur dans les énoncés comportant *selon* », *Revue de sémantique et de pragmatique,* 6, p. 111-121.

MARQUE-PUCHEU, Chr., 2001, « *Devoir* et *pouvoir* dans *L'Homme révolté* », *In: Albert Camus : La révolte. Actes du IIIe colloque international de Poitiers sur Camus, 27-29 mai 1999,* Condat, éd. Amitiés camusiennes.

MARTIN, R., 1983, *Pour une logique du sens*, Paris, Presses universitaires de France.

MEUNIER, A., 1974, « Modalité et communication », *Langue française*, 21, p. 8-25.

MEUNIER, A., 1979, « Points de repère historiques pour l'étude de la notion de modalité », *DRLAV*, 21 p. 17-24.

NØLKE, H., 1993, *Le regard du locuteur*, Paris, Kimé.

NØLKE, H., 1994, *Linguistique modulaire: de la forme au sens*, Louvain-Paris, Peeters.

PICOCHE, J., 1988, « Le signifié de puissance de *devoir, pouvoir* et *falloir* », *Bulletin de l'Association internationale de psychomécanique du langage*, 5, p. 413-422.

POTTIER, B., 1976, « Sur la formulation des modalités en linguistique », *Langages*, 43, p. 39-46.

ROULET, E., 1980, « Modalité et illocution. *Pouvoir* et *devoir* dans les actes de permission et de requête », *Communications*, 32, p. 216-239.

SUEUR, J.-P., 1979, « Une analyse sémantique des verbes *devoir* et *pouvoir* », *Le Français moderne*, 47, p. 97-120.

SUEUR, J.-P., 1981, « Les verbes modaux sont-ils ambigus ? », *In:* DAVID, J. & KLEIBER, G. (éds.), 1981, *La notion sémantico-logique de modalité*, Paris, Klincksieck, p. 165-180.

TASMOWSKI, L., 1980, « Un *devoir* opérateur », *Travaux de linguistique*, 7, p. 43-58.

TASMOWSKI, L. & DENDALE, P., 1994 « *Pouvoir*$_E$: un marqueur d'évidentialité », *Langue française*, 102, p. 41-55.

TRAUGOTT, E. C., 1989, « On the rise of epistemic meanings in English », *Language*, 65, p. 31-55.

WILMET, M., 1998, *Grammaire critique du français*, Paris, Hachette.

Textes cités

Courrier international, 352, 31 juillet au 20 août 1997.
Courrier international, 360, 25 septembre au 1er octobre 1997.
Le Figaro, lundi 16 novembre 1998.
Le Monde, 1995-1996, CD-Rom.
Le Monde, jeudi 20 octobre 1997.

La notion d'abduction et le verbe *devoir* "épistémique"*

Jean-Pierre DESCLÉS
Université Paris-Sorbonne

Zlatka GUENTCHÉVA
CNRS – Université Paris 7

0. Introduction

Le verbe *devoir* renvoie, comme on le sait, à plusieurs valeurs. Une théorie de la modalité se devrait donc de les articuler entre elles. Les valeurs principales sont : (i) probabilité ou plausibilité, (ii) obligation (soit imposée par un tiers dont on dépend, soit par une contrainte externe) et auto-obligation, à rapprocher de la valeur aléthique de H. Kronning (1996) [1]. Souvent, un même énoncé comme (1) pris hors contexte possède plusieurs valeurs modales (2) que le contexte contribue à déterminer :

(1) a. Jean *doit* nager.
(2) a. Il est probable, à l'heure qu'il est, que Jean soit à la piscine, il *doit* donc nager. (probabilité ou plausibilité)
     b. C'est un ordre : Jean *doit* nager. (obligation, ordre)
     c. A huit ans, un enfant comme Jean *doit* nager, il se *doit* de nager. (auto-obligation)

Les valeurs de probabilité (ou valeur épistémique) et de plausibilité sont liées à des raisonnements déductifs et à des raisonnements abductifs. Nous sommes en léger désaccord avec Dendale (1992, 1994) et Dendale & De Mulder (1996) à propos de l'assimilation du *devoir* épistémique avec la notion de médiation. De plus, certaines de leurs analyses relatives à des énoncés avec un "devoir épistémique" relèvent, selon nous, plus de l'abduction que de la déduction.

---

*   Nous remercions vivement Patrick Dendale de nous avoir fait part de ses nombreux commentaires après le colloque auquel il a eu la gentillesse de nous inviter. Ses commentaires nous ont amenés à préciser notre position théorique en distinguant notamment plus nettement "règle" et "loi", "probabilité" et "plausibilité". Si nos analyses peuvent diverger des siennes sur certains points, nous apprécions grandement nos discussions, toujours fructueuses, amicales et stimulantes.

[1]   Il serait intéressant de voir où l'on peut situer la valeur d'auto-obligation dans les "cartes cognitives" de van der Auwera & Plungian (1998).

© *Cahiers Chronos* 8 (2001) : 103-122.

Avant d'examiner certains exemples à l'aide de schémas inférentiels abductifs, il nous semble nécessaire de bien préciser ce qu'il faut entendre par abduction et d'opposer ce processus à la déduction et en particulier à la déduction avec un conséquent jugé probable. Pour mieux répondre aux objections formulées à l'encontre de l'abduction comme processus inférentiel général dont les traces linguistiques sont parfaitement observables dans de nombreux énoncés des langues, nous devons reprendre dans le détail un certain nombre d'analyses proposées, de façon à marquer nos différences et accords. Ainsi, il apparaîtra que certaines occurrences – mais pas toutes – de *devoir* sont justement les traces linguistiques d'une hypothèse plausible, construite par un processus inférentiel abductif. Afin de mieux préciser nos positions théoriques, nous résumerons en conclusion de cet article ces positions sous forme de propositions théoriques.

1. Induction, déduction, abduction

Rappelons précisément ce qu'est l'abduction. L'*abduction* s'oppose chez C. S. Peirce (1974) à deux autres modes d'inférence : l'induction et la déduction. Si l'induction cherche à établir des lois générales à partir d'échantillons d'observations, la déduction vise à établir des conséquences certaines à partir de prémisses acceptées comme certaines, au moins à titre d'hypothèses. Quant à l'abduction, elle a pour but de poser la plausibilité d'une hypothèse à partir de faits constatés et de règles générales. Précisons ces trois notions [2].

L'*induction* formule une loi par généralisation à partir de corrélations statistiques observées dans des échantillons de cas jugés significatifs [3]. Par exemple, de l'observation qu'un très grand nombre de corbeaux possèdent tous des plumes noires, on en tire, par induction généralisante, la loi exprimée sous forme d'une proposition universelle restreinte :

(3)   Tous les corbeaux possèdent des plumes noires.

$(\forall x)$ [être-corbeau(x) => posséder-des-plumes-noires(x)]

---

[2]   C. S. Peirce considérait que l'induction avait pour but la formulation d'une loi ou d'une règle à partir de corrélations observées dans un échantillon de cas jugés pertinents ; que la déduction se proposait de construire un résultat, par des moyens certains, à partir d'une hypothèse et d'une règle générale ou loi ; que l'abduction visait la plausibilité d'une hypothèse à partir de la connaissance d'une règle praxéologique ou d'une loi théorique et de la reconnaissance d'un cas observé (une proposition d'observation empirique, par exemple).

[3]   Par exemple, en tirant un certain nombre de haricots d'un sac qui les contient et en constatant qu'ils sont tous rouges, on est amené, à la suite d'un processus inductif, à formuler, la loi : « tous les haricots contenus dans ce sac sont rouges ».

La *déduction*, par *modus ponens*, a pour but d'établir une conclusion à partir de deux prémisses : d'une part, une proposition conditionnelle 'p => q', qui exprime une loi, établie par exemple à la suite d'un procédé inductif, et d'autre part, une autre prémisse 'p' antécédente de la conditionnelle. Le raisonnement déductif établit *la nécessité de la conclusion* 'q' dès lors que l'on a accepté 'p' et que l'on a reconnu la conditionnelle comme étant l'expression d'une loi ou d'une règle générale [4]. Ainsi, en acceptant la loi générale (de caractère empirique) « tous les corbeaux sont des oiseaux avec des plumes noires », on peut en déduire par un raisonnement déductif que, si on me présente un corbeau devant moi alors nécessairement ce corbeau possédera un plumage noir. La déduction, en utilisant la conditionnelle ('p => q'), part d'une proposition 'p', qui est soit acceptée comme vraie, soit posée comme hypothèse, pour aboutir à une conclusion 'q' qui, dans certains cas, peut être un fait observable qui viendra ainsi confirmer l'hypothèse [5].

Le raisonnement précédent se présente comme une instanciation du *syllogisme déductif* suivant :

vrai ((∀x) [P(x) => Q(x)])	loi générale acceptée comme vraie
vrai (P(a) => Q(a))	instanciation par a
vrai (P(a))	fait posé comme vrai, au moins par hypothèse
-------------------------------	--
vrai (Q(a))	conclusion déduite (de l'hypothèse P(a))

L'*abduction* fait également appel à des lois ou règles générales, exprimées par des conditionnelles. Mais, contrairement à la déduction, l'abduction ne conduit pas au caractère nécessaire de ce qui est établi par raisonnement. Elle introduit un résultat modalisé en "remontant" des faits observés à la plausibilité de l'hypothèse [6], qui tend ainsi à expliquer

---

[4]   Par exemple, si je sais que les haricots contenus dans un sac sont tous rouges et si je prends dans le sac un haricot, j'en déduis avec certitude que ce haricot est rouge.

[5]   Ce sera le cas dans des raisonnements hypothético-déductifs.

[6]   La plausibilité d'une hypothèse n'est pas sa probabilité. En linguistique, la probabilité exprimée par un énoncé (comme *il pleuvra probablement* ou *Pierre va probablement venir*) correspond à un jugement de l'énonciateur qui a évalué les chances de réalisation de la situation (état, événement ou processus) dénotée par l'énoncé. En général, cette évaluation dépasse un certain seuil. La probabilité fait ainsi partie d'une catégorie cognitive de possibilité allant de l'impossible jusqu'au certain en passant par l'improbable et le probable. La plausibilité relève d'un autre processus cognitif. Une proposition plausible n'est pas le résultat d'un jugement qui évaluerait son degré de certitude mais elle

l'apparition de ces faits ; pour cela, elle doit faire appel à une loi (de caractère empirique ou théorique) ou à une règle praxéologique de portée assez générale [7]. Ainsi, ayant accepté la loi générale « tous les corbeaux ont un plumage noir » et ayant observé qu'un oiseau particulier (à peu près de la taille d'un corbeau) possède un plumage noir, il devient raisonnable, certes avec des risques d'erreurs, d'en inférer que cet oiseau est un corbeau. Cependant, dans ce cas, l'inférence conduit seulement à une proposition plausible et non à une proposition considérée comme nécessairement vraie bien que les prémisses soient vraies. Dans certains contextes situationnels, le marqueur *doit* qui apparaît dans *cet oiseau doit être un corbeau*, indiquera à la fois le raisonnement abductif mis en jeu et la plausibilité (donc, la non-certitude) de sa conclusion.

Le raisonnement précédent se présente comme une instanciation du *syllogisme abductif* suivant :

vrai (($\forall$x) [P(x) => Q(x)])   loi générale acceptée comme vraie
vrai (P(a) => Q(a))   instanciation par a
vrai [Q (a)]   fait reconnu vrai (par exemple, par observation)

-------------------------------------   ---

plausible [P(a)]   hypothèse P(a) plausible
                        (pour le fait Q(a))

L'abduction, en faisant appel à une conditionnelle, s'appuie sur un fait observé pour remonter vers l'hypothèse simplement plausible. Le fait observé est un indice en faveur de la plausibilité de l'hypothèse, sachant, par ailleurs,

---

résulte d'un raisonnement qui conduit à un résultat (par exemple une cause ou une explication d'un phénomène) qui est choisi, avec une certaine incertitude, parmi d'autres propositions possibles (d'autres causes, d'autres explications possibles). La plausibilité d'une hypothèse peut augmenter en fonction des indices qui sont accumulés en sa faveur. Il est vrai que les deux notions sont assez proches. Cependant, elles nous semblent devoir être distinguées soigneusement puisque l'une est le résultat d'un processus évaluatif, l'autre d'un processus inférentiel.

[7]   Par exemple, je sais que les haricots contenus dans un sac devant moi sont tous rouges. Je ramasse par terre un haricot et je constate qu'il est rouge. Par abduction, je considère que ce haricot particulier a été extrait du sac. Le résultat de mon inférence n'est pas obtenu par nécessité car il est entaché seulement d'une certaine plausibilité. En effet, le haricot ramassé peut venir d'autres sacs. La plausibilité sera grande si, par ailleurs, je sais que tous les autres sacs contiennent uniquement des haricots noirs ou blancs ; elle sera plus faible si je sais que d'autres sacs contiennent également des haricots rouges.

que l'on a accepté la conditionnelle comme l'expression d'une loi, ou d'une règle, qui permet de relier l'hypothèse à ses manifestations observables. L'hypothèse voit sa plausibilité augmentée lorsque différents indices s'accumulent. En effet, si une loi générale relie l'hypothèse à la conjonction de plusieurs faits observables, alors, lorsqu'on observe effectivement le faisceau de ces faits, ils constituent autant d'indices en faveur de la plausibilité de l'hypothèse. La plausibilité de l'hypothèse se trouve ainsi renforcée par la multiplication des indices. Nous avons donc le schéma plus général d'abduction :

vrai $(p => q_1 \& q_2 \& .... \& q_n)$
vrai $(q_1) \&$ vrai $(q_2) \& ...\&$ vrai (q_n)

----

plausible (p)

Le schéma du renforcement de la plausibilité de l'hypothèse p est le suivant :

plausibilité $(p) = j$
vrai $(p => r)$
vrai (r)

----

plausibilité $(p) = k \geq j$

Ce schéma de raisonnement signifie que si la proposition p est déjà connue comme étant une hypothèse plausible à un certain degré j, alors, si un nouveau fait 'r' qui devrait être la conséquence de l'hypothèse 'p' s'avère être effectivement vérifié, le degré de l'hypothèse plausible 'p' ne peut qu'augmenter.

Remarquons que le schéma abductif est également utilisé pour sinon rejeter brutalement, du moins modifier, une hypothèse considérée jusque-là comme plausible [8]. Ainsi, un médecin sait que si un malade a la scarlatine, alors il présente les symptômes suivants : une température de 40°, une angine, des frissons, une élévation excessive du pouls, une inflammation des ganglions lymphatiques sous-maxillaires. En observant ces symptômes chez un patient, le médecin est amené à considérer que ces symptômes sont les bons indices d'une scarlatine et donc il est amené à poser le diagnostic suivant : « ce patient doit avoir la scarlatine » (hypothèse plausible). Ce diagnostic sera confirmé quelques jours plus tard par l'observation d'autres

---

[8] L'abduction rend effectivement possible la "falsification" d'une hypothèse (au sens de K. Popper). Cependant, elle permet plus puisqu'elle modifie progressivement l'hypothèse en fonction de nouvelles données qui viennent perturber ce qui était déjà acquis.

symptômes comme l'exanthème (apparition de boutons typiques de la scarlatine) ou infirmé si ces symptômes complémentaires n'apparaissent pas.

Pour mieux comprendre la différence entre déduction et abduction, il est intéressant d'opposer les schémas d'inférence déductive (*modus ponens* et son dérivé par contraposition, *modus tollens*) au schéma d'inférence abductive. Prenons la même loi générale exprimée par une proposition conditionnelle 'p => q'. Nous avons :

DÉDUCTION		ABDUCTION
Modus ponens	*Modus tollens*	
vrai (p)	faux (q)	vrai (q)
vrai (p => q)	vrai (p => q)	vrai (p => q)
---------------	---------------	---------------
vrai (q)	faux (p)	plausible (p)

Dans l'inférence déductive, la conclusion est certaine lorsque les prémisses sont acceptées comme certaines [9] : l'inférence déductive va nécessairement de l'accepté comme certain au certain. Dans l'inférence abductive, le résultat est simplement plausible même si les prémisses sont toutes les deux acceptées comme vraies : l'inférence abductive va seulement de l'accepté comme certain au plausible.

Remarquons que, pour fonctionner correctement, l'abduction réclame une loi ou une règle, éventuellement générale [10], et non pas n'importe quelle conditionnelle trop locale. Ainsi, la proposition conditionnelle suivante :

---

[9]   La présentation du calcul propositionnel par la méthode de la "déduction naturelle" de Gentzen (*Cf.* Quine 1972) exprime bien la règle (d'élimination de l'implication '=>') : si les prémisses 'p' et 'p => q' sont vraies, alors nécessairement il suit que 'q' est vraie.

[10]   La distinction entre loi et règle est délicate. Une loi exprimée par une conditionnelle de la forme « si p alors q » relève d'un savoir commun et partagé par tous les utilisateurs de la conditionnelle. Cette loi formalise une connaissance du "sens commun" ou d'une théorie (qui peut éventuellement aller "contre" le sens commun) acceptée par une classe d'utilisateurs (une communauté scientifique par exemple). Cette loi, si elle est acceptée comme juste, n'est donc pas contestable dans une argumentation polémique, à moins que la polémique porte précisément sur la justesse d'une telle loi. Donnons des exemples de lois : les lois logiques qui s'expriment sous forme de tautologies. Ainsi, la tautologie suivante ((p & (p => q)) => q) est une loi toujours vraie, indépendamment du contenu des propositions p et q. En revanche, la loi ((non (non p)) => p) est valide uniquement dans le domaine de la logique classique, mais pas dans celui de la logique intuitionniste.

       Une règle est de nature plutôt praxéologique, elle permet d'agir et d'inférer. Ainsi, la règle déductive de *modus ponens* (dite aussi règle d'élimination de l'implication dans la "déduction naturelle" de Gentzen) se

(4)   « Un oiseau qui possède des plumes noires est un corbeau. »

n'exprime pas une loi empirique de catégorisation ; elle est plutôt l'expression d'une propriété caractéristique qu'un locuteur pose, à ses risques et périls, à propos d'une espèce d'oiseaux pour les catégoriser. Il en infère éventuellement une règle praxéologique : chaque fois qu'il rencontre un oiseau avec des plumes noires, il décide (à tort, selon la plupart des autres humains) que c'est un corbeau. Cette proposition n'est évidemment pas le résultat d'une généralisation inductive puisqu'il existe beaucoup d'autres oiseaux avec des plumes noires (les merles ou les pies, par exemple) et qui ne sont pas des corbeaux.

La conditionnelle mise en jeu dans une abduction doit, pour donner une certaine pertinence à ce type de raisonnement, être associée de préférence à un savoir partagé par les utilisateurs et doit, de ce fait, être reconnue et acceptée comme correcte par les interlocuteurs coopératifs. Lorsque cette précaution n'est pas prise, le raisonnement abductif ne sera plus reconnu comme un type de raisonnement valable dans une argumentation scientifique ; il sera en effet considéré comme trop particulier et trop spécifique à une situation donnée puisque, comme a dit Aristote, « est scientifique ce qui est général ». Les raisonnements par abduction sont cependant très féconds dans l'activité scientifique, dans les sciences comme l'astronomie, la physique, la géologie ou même les mathématiques dans la genèse et la formulation d'une conjecture par exemple. Mais, si, pour une

---

présente sous forme de deux prémisses p & (p => q) et d'une conclusion q. Appliquer cette règle, c'est dans un premier temps reconnaître que les deux prémisses ont été déjà acceptées, soit comme des hypothèses, soit comme des axiomes, soit encore comme des résultats de démonstrations antérieures, puis, dans un second temps, déduire la conclusion. Cependant, la nature de cette règle *modus ponens* ne doit pas tromper car elle est directement associée à une tautologie. La règle d'introduction de l'implication en "déduction naturelle" (lorsque q est déductible de p alors on peut introduire la conditionnelle « p => q ») ne correspond pas directement à une loi logique. Plus généralement, une règle associée à un mode d'inférence peut être posée dans un contexte plus local que la loi. En particulier, elle peut relever uniquement d'un contexte très particulier, voire même d'un seul utilisateur qui décide, par exemple dans un jeu, de se donner cette règle : joueront avec lui uniquement ceux qui acceptent cette règle du jeu.

Les raisonnements déductifs et abductifs font appel aussi bien à des lois qu'à des règles. Selon que la conditionnelle « p => q » est une loi qui relève d'un savoir commun et partagé par tous les utilisateurs, ou qu'elle détermine une règle, qui relève d'un savoir plus local et moins bien partagé, le raisonnement (déductif ou abductif) qui utilisera la loi ou la règle, aura une portée plus ou moins universelle ou plus ou moins locale.

conjecture énoncée (comme le fut longtemps la célèbre "conjecture de Fermat [11]"), les conditionnelles utilisées pour relier la conjecture à ses conséquences connues ou déjà démontrées – ce sont les indices de la conjecture –, n'étaient que "partielles" et "sans portée générale", alors la conjecture serait aussitôt contestée et donc de peu d'intérêt. Les raisonnements abductifs sont également utilisés dans certaines sciences humaines – archéologie, paléontologie, histoire ... – et également en linguistique [12].

Comme nous l'avons déjà dit, le raisonnement abductif consiste à "remonter" généralement d'un constat empirique vers une hypothèse considérée comme simplement plausible, en se basant sur une loi générale ou sur une règle partagée par les interlocuteurs. La plausibilité de l'hypothèse – en fait la conclusion du raisonnement abductif – ne résulte donc pas d'une probabilité attribuée à la loi ou à la validité de la règle ; elle ne résulte pas non plus d'une probabilité attribuée au fait observable déclencheur du processus d'abduction [13]. Remarquons que C. S. Peirce n'est pas le seul à souligner l'importance de l'abduction et de sa conclusion plausible. Le mathématicien Georges Polya (1989) a insisté, lui aussi, sur le « raisonnement plausible » ou le « syllogisme heuristique ». Il prend, entre autres exemples, le raisonnement suivant attribuable à Christophe Colomb et à ses compagnons lors de leur premier voyage vers le nouveau continent :

Quand nous approchons d'une terre, nous voyons souvent des oiseaux.
Or, nous voyons des oiseaux.

Donc, il devient plus croyable que nous approchions d'une terre

---

[11] Rappelons l'énoncé très simple de cette conjecture : « pour tout n > 2, il n'existe pas de triplets (x, y, z) de nombres réels tels que l'on ait $x^n + y^n = z^n$. » Cette conjecture de Fermat a été démontrée assez récemment par Wiles.

[12] Nous avons proposé (*Cf.* Desclés 1997) une analyse épistémologique de deux célèbres exemples : la découverte par Jean-François Champollion du système des hiéroglyphes de l'égyptien ancien à la suite d'un raisonnement purement abductif, contrairement à son rival Young qui se contentait de raisonnements simplement déductifs et inductifs ; la reconstruction abductive par Ferdinand de Saussure d'un phonème de l'indo-européen à partir d'une analyse des données du sanskrit, du grec ancien, du latin et des langues germaniques. Dans la reconstruction du phonème indo-européen, les lois utilisées par Saussure sont toutes des lois générales de changement phonétique et les faits linguistiques convoqués étaient tous attestés mais le résultat plausible de Saussure (« il existe un certain phonème en indo-européen ») n'a été confirmé qu'une quarantaine d'années plus tard avec l'identification, par Kuryłowicz, d'un phonème du hittite.

[13] Sur la distinction plausibilité / probabilité, voir la note 6.

Les deux prémisses étant vraies, la conclusion devient plausible :

« Les indices qui persuadent l'inventeur que son idée est bonne, les indications qui nous guident dans nos affaires quotidiennes, la preuve par indice de l'avocat [...] n'offrent pas la certitude d'une démonstration rigoureuse. » (Polya 1989 : 107)

Ainsi, Polya oppose le raisonnement démonstratif au raisonnement abductif, plausible ou heuristique :

« La conclusion du syllogisme démonstratif, de même nature que les prémisses, est exprimée complètement et se trouve entièrement supportée par celles-ci. [...] Au contraire la conclusion du syllogisme heuristique diffère des prémisses dans sa nature logique ; elle est plus vague, moins décisive, moins complètement exprimée. Cette conclusion est comparable à une force ; elle a en effet à la fois une direction dans laquelle elle nous pousse [...] et une certaine ampleur.
[...] Dans le syllogisme démonstratif, les prémisses constituent une base complète sur laquelle repose la conclusion. Si les deux prémisses sont exactes, la conclusion l'est également. [...] Dans le syllogisme heuristique, les prémisses ne constituent qu'une partie de la base sur laquelle repose la conclusion, celle qui est complètement exprimée, "visible" : il reste une partie non exprimée, invisible, constituée par autre chose, sentiments inarticulés peut-être ou raisons tacites. » (Polya 1989 : 108-109).

2. Analyse de raisonnements abductifs

Reprenons l'exemple traité par Dendale (1994) et repris par Dendale & De Mulder (1996) :

(5)   a.   Caroline a mauvaise mine.
      b.   Elle *doit* être malade.

Pour nous, il s'agit bien d'un raisonnement abductif typique. Reconstruisons ce raisonnement. On constate que « Caroline a mauvaise mine » (proposition 'q' de constat empirique) ; ce constat est un indice visuel. L'énonciateur fait appel à un savoir commun et donc partagé par son interlocuteur :

(6)   « Si on est malade alors on a mauvaise mine. »
      « p => q »

Ce savoir épistémique est une *loi générale* qui a été acquise par induction généralisante à partir d'un très grand nombre de cas observés. Une telle loi peut avoir des exceptions. Devant l'indice visuel relatif à la mine de Caroline

(5a), l'énonciateur est amené à remonter vers une cause à partir de l'effet observé et donc à envisager une hypothèse plausible, d'où son énonciation modalisée (5b) : *Elle doit être malade.* Par ailleurs, l'énonciateur sait bien que d'autres causes peuvent expliquer le même effet puisque d'autres lois empiriques ont été mémorisées et font partie du savoir commun ; ces lois, comme « si on dort mal, on a mauvaise mine », « si on a mal digéré un repas, on a mauvaise mine », « si on est en deuil, on a mauvaise mine »..., peuvent donc être également utilisées dans d'autres raisonnements. Cependant, dans le contexte situationnel de l'énonciation, l'énonciateur choisit de retenir l'hypothèse la plus plausible (« elle est malade ») à partir d'indices non exprimés linguistiquement.

Nous considérons, contrairement à Dendale (1994 : 27) et à Dendale & De Mulder (1996 : 310), que la "prémisse implicative" :

(7)   « Si quelqu'un a mauvaise mine, c'est parce qu'il est malade. »
         « si q, c'est parce que p »

n'est pas l'expression linguistique d'une loi générale qui ferait partie du savoir commun partagé et donc *a priori* peu contestable. Posons, pour simplifier, les abréviations suivantes :

(8)   p = « le fait d'être malade » ou « quelqu'un est malade »
         q = « le fait d'avoir mauvaise mine » ou « quelqu'un a mauvaise mine »

L'énoncé (7) ne doit pas être confondu avec l'énoncé de la loi générale (6) : « Si on est malade, alors on a mauvaise mine » (« si p alors q »).

Cette loi générale exprime ici une relation de cause à effet : « avoir mauvaise mine » est l'effet q produit par la cause p « être malade ». La permutation de p et de q dans la conditionnelle « si p alors q » conduit à une autre conditionnelle « si q alors p » (« si on a mauvaise mine, alors on est malade »), mais cette dernière ne peut plus être considérée comme l'expression d'une relation entre ce qui serait une cause (« avoir mauvaise mine ») et son effet (« être malade »). En effet, si la première conditionnelle peut être généralement obtenue à partir d'une induction généralisante, avec d'éventuelles exceptions, la seconde est beaucoup plus difficilement admise comme étant le résultat d'une telle induction.

Selon nous, l'énoncé (7) ne doit pas être "traduit logiquement" sous forme de la conditionnelle « si q alors p ». Cet énoncé est plutôt l'expression verbalisée d'une explication qui fait appel à un raisonnement abductif sous-jacent en se référant à la loi générale « si p alors q » non explicitement verbalisée comme telle parce que cette conditionnelle est reconstructible, en tant que savoir partagé commun, à partir des seules informations encodées dans l'énoncé. En effet, l'énoncé (7) propose à l'interlocuteur un schéma d'explication abductive qui, appliqué au fait « quelqu'un a mauvaise mine », permet de remonter à l'une des causes plausibles « il est malade », en faisant appel à la loi générale « si on est malade, alors on a mauvaise mine » (« si p alors q »). Nous en déduisons l'interprétation

(9)   « Si q c'est parce que p »

qui signifie « Si tu constates q, alors une explication de ce constat est p, puisque tout le monde connaît la loi générale si p alors q ». Cette interprétation est sous-tendue par le syllogisme abductif typique :

(10)   Si p alors q, or on constate q, donc p est plausible.

Une telle interprétation de (9) peut conduire à une *règle abductive* (avec une certaine plausibilité, la plausibilité de la règle dépendant, ici, étroitement de la plausibilité de la conclusion dans le raisonnement abductif correspondant) :

(11)   De q déduire par abduction l'explication (la cause) p.

sachant que l'on a, par ailleurs, la loi « si p alors q » [14].
      Adaptée à notre exemple (7), nous obtenons :

(12)   « Si quelqu'un a mauvaise mine, c'est parce qu'il est malade. »

qui signifie : « quelqu'un est malade » est une explication du fait « il a mauvaise mine », sachant que « si on est malade alors on a mauvaise mine » (savoir commun mémorisé).
      Nous refusons donc d'analyser *Si quelqu'un a mauvaise mine, c'est parce qu'il est malade* comme étant l'expression d'une loi générale convoquée dans un schéma déductif. Ce dernier schéma prendrait, d'après Dendale & De Mulder (1996 : 310), l'indice visuel « Caroline a mauvaise mine » pour prémisse et conduirait à la conclusion « elle doit être malade », à la suite d'une évaluation des probabilités des conclusions tirées d'une loi générale « Si on a mauvaise mine, alors on est malade, (ou) on a mal dormi, (ou) on a raté son train, (ou) on a perdu son boulot ... ». Ce qui est considéré par Dendale et De Mulder comme étant une loi générale exprimée par l'énoncé *Si quelqu'un a mauvaise mine, c'est parce qu'il est malade* ne reçoit donc pas, selon nous, ce statut et cette traduction logique. Par conséquent,

---

[14]   En termes formels, nous avons :
      (p => q) & q
      ----------------- (règle abductive)
      plausible(p)

dans l'analyse qui nous intéresse ici, nous n'avons pas affaire à une déduction « avec évaluation des probabilités » dont *devoir* serait l'expression linguistique.

Comparons plus systématiquement l'analyse de Dendale et De Mulder (analyse D&M) avec celle de Desclés et Guentchéva (analyse D&G).

Analyse D&M : 1°) reconnaissance d'une prémisse (mineure) « Caroline a mauvaise mine » fournie par la perception visuelle et utilisation d'un savoir commun (majeure) « si on a mauvaise mine c'est parce qu'on est malade (ou) qu'on a mal dormi », etc. 2°) les prémisses permettent d'établir, *par déduction*, simultanément plusieurs conclusions (par *modus ponendo ponens*) ; 3°) évaluation de la probabilité de ces diverses conclusions en fonction du contexte et choix d'une seule conclusion modalisée : « Caroline doit être malade ». Dans cette analyse, sont mis en jeu un constat q, un savoir commun (si q alors p_1 ou p_2 ou ...) ; un mécanisme inférentiel de déduction : q & (si q alors p_1), donc p_1 ; q & (si q alors p_2) donc p_2 etc. ; une évaluation des probabilités des conclusions p_1, p_2, ... L'occurrence de *devoir* dans la conclusion est alors l'expression du choix, en fonction de la situation présente, d'une conclusion parmi les conclusions plus ou moins probables.

Analyse D&G : 1°) reconnaissance d'une prémisse « Caroline a mauvaise mine » fournie par la perception visuelle et utilisation d'un savoir commun « si on a on est malade alors on a mauvaise mine » ; 2°) les prémisses permettent d'engager un *raisonnement abductif* qui remonte vers l'hypothèse plausible ; 3°) énonciation de la plausibilité de l'hypothèse : « Caroline doit être malade ». Dans cette analyse, sont mis en jeu un constat q ; une loi générale liée à un savoir commun : si p alors q ; un mécanisme inférentiel par abduction : q & (si p alors q) donc p est (simplement) plausible ; énonciation de la plausibilité de p. L'occurrence de *devoir* dans la conclusion est donc, ici, liée à la plausibilité, la conclusion n'étant pas présentée comme certaine parce que produite à la suite d'un raisonnement abductif.

Outre la simplicité et la généralisation aisée de l'analyse D&G, cette dernière conteste : 1°) que le savoir commun « si on a mauvaise mine c'est parce qu'on est malade (ou) qu'on a mal dormi, etc. ... » de l'analyse D&M soit une loi générale traduite par une conditionnelle de la forme « si q alors p_1 ou p_2 ou ... » ; 2°) que l'on puisse ensuite procéder à une déduction. En revanche, le savoir commun mis en jeu à partir du constat q n'est pas « si q alors p_1 ou p_2 ou ... » mais, plus simplement la loi générale « si p alors q », ce qui ne permet pas d'enclencher un raisonnement déductif à partir de q mais un raisonnement abductif conduisant à formuler une hypothèse plausible p.

Prenons un autre exemple d'abduction. Nous expliquons l'énoncé (13a) dans le contexte situationnel de (13b) comme étant le résultat d'un raisonnement abductif :

(13) a. Tu a dû pleurer.
      b. Tu as (actuellement) les yeux rouges.

Ce raisonnement est le suivant :

1.   Constat d'observation : « Tu as (actuellement) les yeux rouges. »
2.   Mémoire de la loi générale (savoir commun) :
     ($\forall$x) [l'événement « pleurer (x) » a lieu
     => l'état « x a les yeux rouges » sera vrai pendant un certain
     intervalle de temps]
     ----
3.   l'événement « toi pleurer » qui a eu lieu est un fait plausible, c'est-à-
     dire que l'état résultant « tu as pleuré » est plausible,
3'   d'où l'énonciation : *Tu as dû pleurer.*

Résumons-nous. Toute conditionnelle n'a pas le statut de loi générale. Une conditionnelle « si p alors q » sera acceptée comme loi générale lorsqu'elle exprimera une relation entre une cause et un de ses effets. Il ne faudrait pas penser que tout raisonnement par abduction serait lié à une relation de causalité. En effet, certains raisonnements abductifs mettent en œuvre une règle générale, de nature praxéologique qui n'exprime plus une relation entre une cause et un effet ou un de ses symptômes, comme nous en verrons des exemples plus loin. Alors que la loi relève d'un savoir commun mémorisé (avec certaines exceptions éventuelles) qu'en général l'interlocuteur ne conteste pas, la règle relève plutôt d'un savoir local que l'énonciateur suppose partagé par son interlocuteur, dans une situation particulière d'énonciation.

3. Exemple de raisonnement déductif avec un conséquent probabilisé

Analysons maintenant un exemple de raisonnement déductif avec une conclusion simplement probable [15]. Prenons l'énoncé (14a) dans le contexte (14b) :

---

[15]   Une proposition est une expression qui est soit vraie, soit fausse. Une proposition probable n'est plus *a priori* vraie ou fausse. Une proposition probable est en fait une quasi-proposition, susceptible d'être vraie ou fausse, à laquelle est associée une évaluation avec un degré d'incertitude (ou de certitude). Une proposition se voit attribuer une certitude complète (elle est vraie) ou nulle (elle est fausse). La probabilité est un opérateur PROB qui a pour opérande une proposition avec un degré de certitude compris entre ½ et 1 : ½ représente un seuil de probabilité par rapport à l'improbable. Soit p une proposition ; soit PROB (p) = i , i appartenant à l'intervalle continu] ½, 1].

(14) a. Il *doit* être fatigué.
      b. Jean a beaucoup travaillé.

L'énoncé (14a) résulte d'un raisonnement déductif associé à la règle générale :

(15)   Si quelqu'un travaille beaucoup alors il est probablement fatigué.
          ($\forall$x) [travailler-beaucoup (x) => prob (être-fatigué (x)] [16].

Cette règle exprime une universelle affirmative restreinte dont le conséquent n'est pas certain mais simplement probable, de la forme suivante :

(16)   « p => prob (q) »

Nous avons maintenant le raisonnement déductif suivant :

1.   Jean a beaucoup travaillé.   (prémisse)
2.   ($\forall$x) [travailler-beaucoup (x) => prob (être-fatigué (x))]   (loi)
2'. travailler-beaucoup (Jean) => prob (être-fatigué (Jean))   (instanciation)
     ----
3.   prob (être-fatigué (Jean))
3'. Énonciation : *Jean doit être fatigué.*

Le pas 1. exprime un fait ; le pas 2. exprime une loi générale, empruntée à un savoir commun qui a été obtenu par une induction généralisante à partir d'un grand nombre de cas. Au pas 2', la règle est instanciée. Nous en déduisons par *modus ponens* la conclusion modalisée sous 3., d'où l'énonciation 3'.

Nous sommes donc d'accord avec Dendale et De Mulder que *devoir* est, ici, la trace linguistique de l'expression d'une « prévision faite par le locuteur à partir d'un événement constaté » [17] (Dendale & De Mulder 1996 : 316). C'est l'effet qui est probabilisé, d'où l'apparition du marqueur *devoir*.

---

[16] Nous en déduisons que la quasi-proposition « prob (p) » est telle que : « *éval* (prob (p)) = vraie » si et seulement si « PROB (p) = i $\in$] ½, 1] » est vraie. Cette formulation rend compte de la prévision probable d'un conséquent. « Ici, la phrase avec *devoir* exprime une prévision faite par le locuteur à partir d'un événement constaté qui s'avérera être la cause de cette prévision » (Dendale & De Mulder 1996 : 316). La prémisse est le constat de l'événement, la prévision plus ou moins probable est le conséquent probabilisé de la règle générale.

[17] Mais moins avec la suite de la phrase « ... qui s'avérera être la cause de cette prévision ».

4. Double interprétation : abductive et déductive

Reprenons deux exemples traités par Dendale & De Mulder (17a) et (18a) dans les contextes (17b) et (18b) [18].

(17) a. Jean *doit* être à l'université.
     b. La voiture de Jean est au parking universitaire.
(18) a. Sa voiture *doit* être au parking.
     b. Jean est à l'université.

Le premier exemple a une interprétation abductive, le second reçoit deux interprétations mais avec des règles différentes. Pour le premier énoncé, la règle utilisée est :

(17) c. Chaque fois que Jean est à l'université, sa voiture est au parking universitaire.

d'où le raisonnement abductif :

1. La voiture de Jean est au parking universitaire   (q)
2. Si Jean est à l'université, sa voiture est au parking   (p => q)
----
3. Jean doit être à l'université   (p est plausible)

L'occurrence de *devoir* est, ici, la trace linguistique d'une hypothèse plausible inférée par abduction.

Le second exemple, (18), permet deux interprétations. Il peut être le résultat d'un raisonnement déductif, avec la même loi générale mais avec un conséquent probabilisé :

---

[18]   Nous sommes d'accord avec les auteurs pour qui « il s'agit chaque fois d'une conclusion, mais sans que ce fait soit clairement la cause et la conséquence » (Dendale & De Mulder 1996 : 317). Cependant, notre analyse montre très clairement dans quel cas on peut parler de raisonnement abductif et dans quel cas on a un raisonnement déductif. Pour cela, il faut préciser explicitement quelle est la règle générale qui a été mémorisée et qui est convoquée dans le raisonnement. Dans les deux types de raisonnement, la règle est différente. Le contexte contribue à préciser ce qui est constaté et à partir de quoi on infère soit par abduction, soit par déduction.

1.   Jean est à l'université.   (p)
2.   Si Jean est à l'université,
     alors le fait que sa voiture soit au parking est probable. (p =>prob (q))
     ----
3.   Sa voiture doit être au parking.   (q est probable)

L'occurrence de *devoir* est, ici, la trace linguistique d'un conséquent probable.

On peut également analyser l'énoncé (18) comme le résultat d'un raisonnement abductif mais, cette fois, avec une règle qui est différente de la règle utilisée dans le premier exemple (17). La règle est ici :

(19)   Si la voiture de Jean est au parking universitaire, alors il est à l'université.

Nous avons alors le raisonnement abductif suivant :

1.   Jean est à l'université.   (p)
2.   Si la voiture de Jean est au parking universitaire,
     alors il est à l'université.   (q =>p)
     ----
3.   Sa voiture doit être au parking universitaire.   (q plausible)

L'occurrence de *devoir* est, ici, la trace d'une hypothèse plausible.

Citons deux autres exemples renvoyant à des raisonnements abductifs sous-jacents :

(20)   Cette jeune femme a *dû* avoir des rapports sexuels avec un séropositif ou
         avoir été en contact avec du sang contaminé parce qu'elle est séropositive.
(21) a. Ça *doit* être le facteur.
      b. Contexte : on sonne à la porte.

Nous ne partageons pas l'analyse proposée par Dendale (1994 : 36) lorsqu'il considère que les énoncés suivants peuvent être pris comme des prémisses pour un raisonnement comme dans (21) :

(22) a. Si on sonne à la porte (aujourd'hui), c'est le médecin.
      b. Si on sonne à la porte à midi, c'est le facteur.

Selon nous, ces deux énoncés ne sont pas l'expression linguistique de règles générales, mais plutôt l'expression verbalisée de raisonnements abductifs où sont envisagés, d'une part, le fait observé (q) et, d'autre part, l'hypothèse plausible (p) dans le contexte de la situation d'énonciation, sachant que, par ailleurs, l'on a mémorisé une relation entre p et q (si p est un événement alors on a q). Dans ces exemples, nous avons :

(22) a. Si on sonne à la porte (aujourd'hui), c'est le médecin qui arrive, sachant que le médecin sonne toujours avant d'entrer et que l'on attend aujourd'hui le médecin.
     b. Si on sonne à la porte à midi, c'est le facteur qui passe, sachant que le facteur sonne toujours lorsqu'il passe et qu'il passe tous les jours à midi.

5. Abduction généralisante

Dans Dendale (1994 : 32), l'auteur analyse l'énoncé (23) comme étant l'expression d'un raisonnement inductif (*Cf.* aussi Dendale & De Mulder 1996 : 317).

(23)   Les Allemands de l'Est *doivent* avoir beaucoup souffert si on en juge par ce que cette seule famille est-allemande a subi.

A ce propos, il est dit :

« A partir de la description de la situation d'une seule famille est-allemande, situation qui sert de prémisse au raisonnement inductif, on crée dans cet exemple une affirmation générale sur l'ensemble des Allemands de l'Est. » (Dendale 1994 : 32)

Certes, on peut concevoir cela comme une induction mais cette induction est plutôt difficile à admettre car on ne peut pas généraliser par une procédure inductive à partir d'un seul cas ; pour être valide, l'induction opère à partir d'un échantillon de cas jugés représentatifs de la population entière. Ainsi, ce n'est pas parce que l'on a vu un éléphant blanc que l'on peut, à la suite d'une généralisation inductive, poser que « tous les éléphants sont blancs ». En revanche, si le cas observé est considéré comme un cas prototypique pour l'ensemble de la population, alors on peut généraliser les propriétés de l'exemplaire prototypique à l'ensemble des exemplaires typiques de la population. Avec l'exemplaire prototypique [19], le raisonnement devient abductif : on observe une propriété caractéristique d'un exemplaire jugé comme étant une instance prototypique et on suppose, puisque c'est une instance prototypique, que tous les exemplaires plus ou moins typiques partagent les mêmes propriétés que celles de l'instance prototypique ; ensuite, on en infère, par abduction, que les exemplaires typiques possèdent la même propriété observée à propos de l'exemplaire prototypique.

---

[19]   Sur la théorie des prototypes, de la typicalité et de l'atypicalité, en relation avec les processus de catégorisation, voir Desclés (1993).

Autrement dit, d'une propriété Q observée sur un prototype du concept P, on généralise, par une abduction généralisante, en considérant qu'il est plausible que les autres exemplaires typiques du concept P se voient attribuer également la propriété Q ; c'est-à-dire, plus formellement :

1. ($\forall$x typique) [(P(x) => Q(x))] => (P(a) & (a est un prototype) & Q(a))
2. (P(a) & (a est un prototype) & Q(a))
     ----
3. il est plausible que (($\forall$x typique) [P(x) => Q(x)])
3'. Énonciation : *les P doivent posséder la propriété Q*

Par conséquent, nous préférons analyser l'énoncé en question comme étant le résultat d'une abduction généralisante à partir des propriétés d'un prototype, plutôt que comme une simple induction généralisante. Le raisonnement abductif précis se présente comme suit :

1. Si les Allemands de l'Est ont beaucoup souffert,
    alors les familles est-allemandes ont subi beaucoup de tourments.
2. Si les familles est-allemandes ont subi beaucoup de tourments, alors
    cette famille particulière est-allemande a subi beaucoup de tourments.
                                              (règle de particularisation)
3. Si les Allemands de l'Est ont beaucoup souffert
    alors cette famille particulière est-allemande a subi beaucoup de tourments.
                                                         (par transitivité)
4. Cette famille est considérée comme un prototype des familles est-allemandes.
5. Cette famille est-allemande a subi beaucoup de tourments.
                                                    (constat d'un fait)
     ----
6. Il est plausible que (les Allemands de l'Est aient beaucoup souffert).
6'. Énonciation : *Les Allemands de l'Est doivent avoir beaucoup souffert.*

6. Conclusion

Nous rassemblons ici en guise de conclusion quelques-unes de nos propositions théoriques qui ont été illustrées par des exemples dans le corps de l'article.
• Certains énoncés avec *devoir* sont analysés comme étant les résultats de processus inférentiels abductifs conduisant à une hypothèse plausible et non certaine, d'où l'apparition de la modalité *devoir*.
• Dans certains énoncés avec *devoir*, nous avons le résultat d'un raisonnement déductif avec appel à une conditionnelle où le conséquent est

modalisé (q est probable) et non pas la conditionnelle entière modalisée (c'est-à-dire : il est probable que [p => q]).
• Le contexte est nécessaire pour lever certaines indéterminations. Dans certains cas, le contexte nous permet de décider s'il s'agit d'un raisonnement abductif ou d'un raisonnement déductif. Les règles convoquées dans ces deux types de raisonnement ne sont pas les mêmes. Un même énoncé peut parfois recevoir une analyse qui met en oeuvre un raisonnement abductif ou un raisonnement déductif sous-jacent mais les règles utilisées ne sont pas les mêmes.
• Que le raisonnement soit abductif ou déductif, il est important de choisir correctement la proposition conditionnelle qui, du point de vue empirique, doit être considérée comme une loi générale ou règle. Autrement dit, il n'est pas innocent de choisir dans le raisonnement (abductif ou déductif) la conditionnelle « p => q » (*Tous les corbeaux sont des oiseaux aux plumes noires*) ou « q => p » (*si un oiseau a des plumes noires, c'est un corbeau*).
• Le raisonnement abductif ne fait pas appel à une évaluation de toutes les hypothèses possibles et au choix de l'hypothèse la plus probable. La plausibilité – qui n'est pas une probabilité – de l'hypothèse établie par le raisonnement abductif vient non pas de l'incertitude des prémisses et donc de la probabilité de l'hypothèse envisagée mais du mode même du raisonnement qui ne transmet pas la certitude à partir des faits constatés.

Il nous faudrait examiner par ailleurs la place que la « valeur abductive », exprimée par certains emplois de *devoir*, prendrait dans l'organisation des cartes sémantiques de la modalité (*Cf.* van der Auwera & Plungian 1998). Il serait également nécessaire de mieux cerner la relation entre la médiation (*Cf.* Guentchéva 1996) et la modalité.

Références

DENDALE, P., 1992, *Le marquage épistémique de l'énoncé : esquisse d'une théorie avec applications au français*, Thèse de doctorat, Université d'Anvers (UIA), Ann Harbor, Dissertations Abstracts International (DA 9213900).

DENDALE, P., 1994, « *Devoir$_E$* : marqueur modal ou évidentiel ? », *Langue française,* 102, p. 24-40.

DENDALE, P. & DE MULDER, W., 1996, « Déduction ou abduction : le cas de *devoir* inférentiel », *In:* GUENTCHÉVA, Z. (éd.), 1996, p. 305-318.

DESCLES, J.-P., 1993, « Dialogue sur les prototypes et la typicalité », *In:* DENIS, M. & SABAH, G. *Modèles et concepts pour la science cognitive*, Grenoble, Presses de l'Université de Grenoble, p. 139-163.

DESCLES, J.-P., 1997, « L'abduction, procédé d'explication en linguistique », *Modèles linguistiques*, 34, XVII:2.

GUENTCHÉVA, Z. (éd.), 1996, *L'énonciation médiatisée*, Louvain/Paris, Éditions Peeters.

KRONNING, H., 1996, *Modalité, cognition et polysémie : sémantique du verbe modal 'devoir'*, Uppsala et Stockholm, Acta Universitatis Upsaliensis et Almqvist & Wiksell International.

PEIRCE, C. S., 1974, *Collected Papers*, Vol. I-VI, édités par C. Hartshorne et P. Weiss, Cambridge, Massachusetts, The Belknap Press of Harvard University Press ; 1979 – Vol. VII-VIII édités. par A. Burks, Cambridge Massachusetts.

POLYA, G., 1989, *Comment poser et résoudre un problème ?* Paris, Éditions Jacques Gabay.

QUINE, W. V. O., 1992. *Méthodes de logique*, Paris, Armand Colin.

VAN DER AUWERA J. & PLUNGIAN, V.A., 1998, « Modality's semantic map », *Linguistic Typology,* 2, p. 79-124.

A propos de *will*

Eric GILBERT
Université de Caen – CRISCO

0. Introduction

Le présent article traite essentiellement de *will*. Il participe toutefois d'une entreprise plus générale, dont l'objectif à terme est d'élaborer un système de représentation des modaux de l'anglais qui soit à même de rendre compte de phénomènes du type de celui qu'évoque J.-B. Grize (1996 : 113) dans la remarque suivante : « *Partez !* n'est qu'un ordre, *Vous devez partir* fait savoir que l'ordre a une raison ». Le propos de cet article est par conséquent avant tout de suggérer un modèle susceptible d'intégrer de semblables phénomènes, parfois notés, mais souvent négligés, et c'est donc surtout à titre d'illustration que va être présentée l'étude de *will* qui suit.

1. Quelques considérations théoriques

Avant même d'entamer cette étude, il est nécessaire d'exposer un certain nombre de considérations théoriques qui en faciliteront la lecture. Pour que la représentation proposée ne soit pas cloisonnée sur elle-même et puisse, au contraire, s'articuler avec d'autres grands domaines linguistiques (détermination, aspect, temps, ...), cet article a en effet choisi de se situer dans un cadre théorique bien précis, celui de la *Théorie des Opérations Enonciatives* élaborée par A. Culioli (*Cf.* Culioli 1990, 1999a et 1999b).
  A la base du système de la T.O.E. se trouve le concept de *notion*. Antérieure à la catégorisation en mots (nom, verbe, etc.), la notion est du domaine de la représentation mentale ; elle correspond à « un système complexe de représentation structurant des propriétés physico-culturelles d'ordre cognitif » (Culioli, 1999a : 100) Elle peut être symbolisée par /être P/ (i.e. /être chien/, /être grand/, etc.), une notion ne représentant qu'un *prédicable*, un ensemble de propriétés pouvant être attribuées à un objet. Une notion ne se définit donc qu'en *intension*, ou, autrement dit, *qualitativement*. En combinant des notions entre elles, on obtient des *notions complexes*, ou si l'on préfère des *contenus propositionnels*, par exemple </chien/-/gâteau/-/manger/>, qui, moyennant une série *d'opérations de repérage* par rapport à une *situation d'énonciation*, vont donner naissance à des énoncés représentant des *occurrences* de la notion complexe envisagée.
  Bien que strictement qualitative, et, comme toute propriété, par définition insécable, la notion va en effet pouvoir être fragmentée par des opérations d'individuation (détermination nominale et verbale) qui

permettent d'en construire des exemplaires, des *occurrences*, l'ensemble de ces occurrences constituant l'*extension* de la notion. A partir de la *classe d'occurrences* associée à une notion on va pouvoir définir un *domaine notionnel* qui s'organise topologiquement en un *intérieur*, un *extérieur* et une *frontière* à partir d'une occurrence type, ayant toutes les propriétés constitutives de la notion, le *centre organisateur*.

La construction d'une occurrence dans ce modèle fait entrer en jeu des paramètres de deux natures différentes. Elle implique, d'une part, des paramètres d'ordre *qualitatif*, notés *Qlt*. Toute occurrence se définit en effet automatiquement comme occurrence de la notion /P/, c'est-à-dire comme occurrence ayant la propriété P. Cette opération, qui revient à situer l'occurrence dans le domaine notionnel associé à la notion envisagée, est intrinsèquement liée à la *subjectivité de l'énonciateur*, et s'accompagne de processus d'*évaluation* de l'occurrence *par rapport au centre organisateur* (est-ce une vraie occurrence ? a-t-elle vraiment toutes les propriétés de la notion ?), voire de *valuation* pure et simple (est-ce une bonne occurrence ?) [1].

La construction d'une occurrence implique d'autre part des paramètres d'ordre *quantitatif* notés *Qnt*. Toute occurrence est en effet obligatoirement située dans un espace énonciatif muni de coordonnées spatio-temporelles, ou, plus brièvement, repérée par rapport à une *situation d'énonciation*. Elle se trouve ainsi délimitée spatio-temporellement, et c'est cette délimitation que symbolise la notation *Qnt*.

Toute occurrence se trouve donc dotée de deux dimensions, une dimension *qualitative* qui a trait à sa nature, et une dimension *quantitative* qui concerne son existence même.

C'est principalement autour de ces deux concepts *Qlt* et *Qnt* que va s'organiser le présent travail. Dans la mesure où ils englobent à la fois, d'une part, la subjectivité de l'énonciateur et, d'autre part, l'ancrage spatio-temporel, l'existence de l'occurrence, ils semblent en effet particulièrement aptes à représenter les opérations d'ordre modal. Ainsi, par exemple, si l'on se reporte à la citation de J.-B. Grize, et sans entrer dans le détail du fonctionnement intrinsèque de *devoir*, on voit que l'on peut dire, en une première approche, que là où l'impératif ne fait entrer en jeu que la dimension *quantitative* de l'occurrence (l'énonciateur demande seulement d'amener à l'existence la notion à laquelle renvoie la relation prédicative, de lui procurer un site spatio-temporel), *devoir* fait en plus intervenir sa dimension *qualitative*, puisqu'il implique manifestement une valuation subjective de l'occurrence en laissant entendre qu'elle a une « raison », c'est-à-dire qu'elle est bonne, souhaitable, nécessaire, etc., et donc, justifiable.

---

[1]   Pour prendre un exemple simple dans le domaine nominal, on voit aisément comment on peut passer de *un vrai chat* à *un bon chat* dans un énoncé comme : *Un chat n'est un chat que s'il attrape les souris.*

Dans les pages qui suivent, nous allons donc essayer de montrer l'intérêt de ces deux concepts pour le traitement des modaux, tout en examinant les conditions de leur mise en œuvre.

2. La valeur « épistémique » des modaux

On commencera par envisager, en un premier temps, et de manière très générale, la valeur dite « épistémique » des modaux, sans s'interroger plus avant sur le bien-fondé de cette dénomination ni sur celui de la distinction qu'elle suppose avec une « valeur radicale ». Dans cette interprétation, telle qu'elle est en tout cas définie par la tradition grammaticale, il est généralement admis que l'énonciateur se prononce sur la valeur de vérité de la proposition, ou, de manière préférable, sur la validation de la relation prédicative, ou bien encore qu'il évalue les chances d'occurrence de la relation. Cela, reformulé avec les concepts exposés précédemment, revient à dire que, dans leur utilisation épistémique, les modaux permettent d'envisager, de manière diversement nuancée, c'est-à-dire avec plus ou moins de certitude, l'*existence* de l'occurrence de relation prédicative dans une situation donnée, et donc de se prononcer sur ce que nous avons appelé sa dimension *quantitative*.

Pour se prononcer ainsi sur la délimitation quantitative de l'occurrence de relation, l'énonciateur doit pouvoir disposer d'un point de repère, d'une valeur de référence lui permettant d'évaluer la validité de sa prédication. Or, avec l'interprétation des modaux qui nous intéresse, on est par définition dans le domaine du non-certain, et on a donc obligatoirement affaire à une forme de jugement subjectif mettant en jeu des représentations mentales. Dès lors, quel peut être le point de repère, la valeur de référence par rapport à laquelle l'énonciateur évalue la validité de sa prédication, sinon la *représentation notionnelle, qualitative* qu'il se fait de la relation dont il envisage l'occurrence ? Ainsi, dans un exemple comme le suivant :

(1)   So far, Kim Young Sam has declined to fully engage in the debate over his campaign financing. He refuses to say how much he spent in 1992 or exactly where it came from. Critics say he *may* have spent $400 million – 10 times the legal limit. (*The Guardian Weekly*)

on admettra aisément que l'occurrence de *may* suppose que l'énonciateur origine (i.e. *critics*) est en possession d'un ou de plusieurs indices qu'il juge qualitativement caractéristiques, voire définitoires, de la relation <he-spend $400 million> et qui l'autorisent par là même à construire comme « possible » son occurrence d'un point de vue quantitatif. C'est ce processus que décrit implicitement M. Joos (1964 : 149) dans la définition qu'il donne de ce qu'il appelle « relative assertion » : « Relative Assertion : There is no such truth-value with respect to occurrence of the event; what is asserted is instead *a specific relation between that event and the factual world, a set of terms of admission for allowing it real-world status.* » (c'est moi qui souligne). Autrement dit, avec la valeur épistémique des modaux, on peut considérer que, à partir des propriétés qu'il a isolées au moment de sa prédication, l'énonciateur construit du « vraisemblable », ou, plus précisément, du « semblable au vrai », le « vrai » étant à entendre dans le sens de la représentation subjective idéale qu'il se fait de la relation prédicative. C'est donc en fonction de la dimension *qualitative* de l'occurrence de relation prédicative que l'énonciateur est en mesure d'envisager sa manifestation *quantitative*, et on a par conséquent une forme d'évaluation, ou, plus précisément, un problème d'adéquation à un centre organisateur, à l'occurrence abstraite idéale par rapport à laquelle se structure le domaine notionnel associé à la relation.

3. La valeur « épistémique » de *will*

L'examen de la valeur épistémique d'un modal comme *will*, telle qu'elle est illustrée dans l'exemple (2), permet de conforter l'analyse proposée :

(2)   I am training to be a psychiatrist, Sarah. A specialist in the workings of the human mind. And if I know anything at all about human nature, I can guarantee that he *won't* have mentioned the matter to another soul. (Jonathan Coe, *The House of Sleep*)

Ce qu'on peut lire chez les linguistes à propos de ce genre d'occurrences de *will* est particulièrement révélateur de l'opération à laquelle on a affaire. Ainsi J. Coates (1983 : 177) affirme-t-elle :

« Like Epistemic MUST, Epistemic WILL expresses the speaker's confidence in the truth of the proposition; unlike Epistemic MUST, the speaker's confidence is not based on a process of logical inference. Instead it is based on common sense, or on repeated experience. Epistemic WILL therefore relates to the habitual in a way Epistemic MUST does not. »

De la même façon, F.R. Palmer (1979 : 47) écrit :

« Compare :
John must be in his office.
John will be in his office.

The first of these would be the more appropriate in response to an observation that the lights were on; the conclusion is that John is in his office. *Will* merely makes a confident statement. It would be used to explain (from previous knowledge) why the lights were on, rather than to draw a conclusion from this observation. »

On pourrait multiplier ce genre de citations, mais ces deux-ci suffisent à montrer que l'opération marquée par *will* dans sa valeur épistémique est essentiellement basée sur l'expérience ou le savoir du sujet énonciateur, ainsi qu'en témoigne d'ailleurs l'énoncé proposé (*if I know anything at all about human nature*). C'est donc dans ce cas très clairement sur une forme de représentation cognitive, et donc qualitative, que le sujet énonciateur s'appuie pour envisager l'occurrence spatio-temporelle de la relation prédicative (ou sa non occurrence comme en (2)).

L'opération en question fait l'objet d'un développement en surface dans cet autre énoncé :

(3)   There*'ll* be no one there, she said. *There's never anyone there at this time*, it will be all right. (Peter Carey, *Collected Stories*)

L'exemple (3) est du même genre que (2) pour ce qui est de la valeur du modal. On y constate que, pour « prédire » l'occurrence de la relation, le sujet énonciateur passe par un parcours préalable de la classe d'occurrences associée à la notion considérée : *never* permet en effet d'envisager l'une après l'autre les occurrences de la relation <there – be someone there>, et d'indiquer qu'il n'en existe aucune telle qu'elle soit validée au moment spécifié par *at this time*. Il apparaît donc nettement que c'est bien parce qu'il la juge conforme au centre organisateur de la classe d'occurrences, et donc du domaine notionnel, que l'énonciateur est en mesure d'envisager avec une relative certitude la (non-)validation de la relation prédicative. On peut même aller jusqu'à dire que la fonction de *will* dans un tel énoncé est précisément d'indiquer explicitement la *conformité*, dans la situation considérée, de la (non-)manifestation quantitative de la relation et de la représentation qualitative que l'énonciateur a de cette même relation, comme cela est d'ailleurs formulé intuitivement dans la partie en italiques de ce quatrième énoncé :

(4)   *With TV you expect everything to measure up. Things are meant to measure up.* The punishment *will* answer the crime. The crime *will* fall within the psychological profile of the malefactor. The alibi *will* disintegrate. The gun *will* smoke. The veiled woman *will* suddenly appear in the courthouse.

En bref, on considérera donc que *will* marque la *conformité*, aux yeux de l'énonciateur, *des dimensions quantitative et qualitative de l'occurrence* de relation prédicative envisagée, ce qui pourrait se gloser par « la validation de la relation dans la situation donnée me semble conforme à la représentation notionnelle que je me fais de cette relation ». Plus largement, on posera, sur le même modèle, que chaque modal établit un type de relation particulier entre les dimensions qualitative et quantitative de l'occurrence de relation prédicative, qui, sans entrer dans le détail, pourra aller de la simple compatibilité avec *may* à un rapport d'exclusivité avec *must* en passant par la conformité marquée par *will*. Chaque modal, et, partant, chaque degré d'incertitude, sera ainsi schématisé sous la forme d'une relation Qlt / Qnt spécifique, l'assertion correspondant à l'adéquation totale des deux dimensions et au degré de stabilisation maximal de l'occurrence.

Mais refermons cette parenthèse, nécessairement trop allusive, pour revenir au cas de *will*.

4. Le générique

La prise en compte des dimension qualitative et quantitative de l'occurrence dans la description de l'opération marquée par *will* permet de rendre compte de l'apparition des diverses valeurs du modal. Considérons par exemple l'énoncé qui suit :

(5)   Every even number *will* have a dimension of two because every even number, so far even two, has a dimension of two. (Document Internet)

Cet exemple offre, on le voit, un schéma similaire à celui de (3). C'est là aussi sur le parcours d'une classe d'occurrences (*every*), et donc une représentation qualitative de la relation, que l'énonciateur se base pour asseoir sa prédiction. Toutefois, à la différence de ce qui se passait en (3), la relation envisagée fait elle aussi l'objet d'un parcours (*every*) qui confère un caractère générique à l'ensemble de l'énoncé. Celui-ci est coupé par là même de tout ancrage spatio-temporel spécifique, et c'est du même coup la représentation *qualitative* sur laquelle se fonde l'opération marquée par *will* qui ressort essentiellement : bien plus que faire une simple prédiction sur l'existence de la relation, l'énonciateur construit une *propriété* du sujet.

Cette prépondérance de la dimension qualitative est une constante en contexte générique, le parcours des situations interdisant, comme cela vient d'être dit, toute forme d'ancrage situationnel spécifique et faisant par là même passer à l'arrière-plan la dimension quantitative de l'occurrence. C'est là le point commun aux valeurs de *will* classées par F. R. Palmer sous les étiquettes de « *power* » ou de « *habit* » telles qu'elles sont illustrées par les exemples suivants :

(6)   So as at the moment, there is no elixir which *will* do that for us. (Document Internet)

(7)   She'*ll* bring it up when we're driving home from work and we're really tired
        and it's a long drive and I'm driving, you know, in peak hour traffic or
        something. And so because I haven't responded all those other times, she'*ll*
        bring it up because she thinks it's very important, it has to be sorted out
        now. (Document Internet)

(8)   He moved forward on the trunk of his body, using his arms the way a seal
        on land *will* use its flippers. (John Irving, *The World According to Garp*)

F. R. Palmer écrit que, dans la valeur de *"power"*, telle qu'elle est
représentée par (6), *will* sert à indiquer « *how such [i.e. inanimate] objects
will characteristically behave* » (1979 : 111). Pour ce qui est de la valeur de
"habit", qui correspond à (7) et (8), il emploie aussi l'expression de *"typical
activity"*, rejoignant en cela G.N. Leech (1971 : 79) qui parle lui de « *typical
or characteristic behaviour* », expressions qui, l'une comme l'autre,
indiquent explicitement un renvoi au type, c'est-à-dire au centre organisateur
en tant qu'occurrence qualitative de référence. On constate en effet que, tout
comme en (5), l'énonciateur construit une propriété du sujet dans ces trois
énoncés génériques (même s'il ne s'agit que d'une généricité temporelle et
non référentielle en (7)), et que la manifestation quantitative de la relation ne
devient du même coup que secondaire.

L'aspect quantitatif de l'opération n'est pas pour autant complètement
éradiqué. Il reste toujours présent à l'arrière-plan, comme en témoignent les
énoncés quasi tautologiques bien connus du type du suivant :

(9)   *There was no particular call for the police car to be so garishly illuminated
        as it pulled up outside the shop. It was scarcely dawn yet and there had been
        no other traffic on the gravel road leading through the woods from the
        Interstate. Cops, however, will be cops. The few guests slumbering in the
        darkened trailers were lucky they hadn't turned on the siren.* (Ben Elton,
        Pop Corn)

Il est en effet assez significatif que la mise en avant de la dimension
qualitative de la relation que suppose un tel énoncé générique serve
essentiellement à l'énonciateur à justifier ou à expliquer un comportement en
situation du référent du sujet, ici « *have the car garishly illuminated* », en le
définissant, au moyen du modal *will*, comme une manifestation quantitative
en accord avec la représentation qualitative qu'il se fait de la notion /*be cops*/
(i.e. *they are just being cops*).

De la même façon, l'ironie que véhicule un énoncé comme (10) vient de
ce que l'énonciateur traite « *the car started first time* » comme représentant
une occurrence quantitative conforme à la représentation qualitative qu'il fait
ressortir au moyen de l'énoncé générique « *Wonders will never cease* » :

(10)   « Fingers crossed, » said Grandpa, as my father reached for the ignition key.
         And when the car started first time : « Wonders *will* never cease. »
         (Jonathan Coe, *What a Carve Up*)

On constate donc que, même si l'une prend le pas sur l'autre, les deux
dimensions quantitative et qualitative de la relation entrent en jeu dans
l'opération marquée par *will* puisque, si l'énonciateur se basait en (9) sur une
représentation qualitative pour justifier une occurrence quantitative, c'est en
sens inverse sur une occurrence quantitative qu'il s'appuie en (10) pour
confirmer cette fois-ci la représentation qualitative correspondante.

5. *Be + -ing*

L'existence de ce double travail quantitatif / qualitatif transparaît aussi très
nettement lorsque le verbe qui se combine avec *will* est porteur du marqueur
aspectuel *be -ing*. Dans un premier cas de figure, on va pouvoir retrouver la
valeur épistémique classique du modal, comme par exemple dans l'énoncé
qui suit :

(11)   « I'm supposed to be meeting one of your girls. Alison Kelly. »
         « Allie ? Her flight's in. She *'ll* be changing. » (John Fowles, *The Magus*)

On a affaire dans un tel énoncé à un schéma comparable à celui des exemples
(2) et (3) : l'énonciateur construit, au moyen de *will*, l'occurrence quantitative de la relation envisagée comme étant conforme, dans la situation
envisagée, à la représentation qualitative qu'il se fait de cette même relation.
C'est donc d'une certaine manière la manifestation quantitative de la relation
qui est primordiale dans ce genre d'énoncé. Mais tel n'est pas le cas dans cet
autre énoncé qui renferme le même genre de combinaison, mais associé cette
fois-ci à une référence à l'avenir :

(12)   Swear to God, on doomsday that guy *will* be scalping tickets for the seats
         front and center, including his own. (Henry Miller)

Le jugement critique que véhicule un tel énoncé provient de la mise en avant
de la représentation qualitative sur laquelle s'appuie la construction de
l'occurrence quantitative de la relation prédicative. On voit en effet qu'en
posant avec *will* que l'occurrence quantitative de la relation est conforme à sa
dimension qualitative, c'est avant tout sur ladite dimension qualitative que
l'énonciateur met l'accent, ce qui équivaut ici à porter une forme de jugement
sur le sujet de la relation prédicative.
        On assiste au même phénomène dans l'exemple suivant, qui n'est pas
du tout, lui, connoté négativement :

(13)   « Are you the Sandman, then? » Ruby asked.
« Perhaps I am. Perhaps I'*ll* be coming to visit you tonight when you're asleep. » (Jonathan Coe, *The House of Sleep*)

Dans cet exemple, la manifestation quantitative de la relation n'est également envisagée que dans le but de mettre en avant la représentation qualitative qui la sous-tend. Comme le montre la question de l'interlocuteur (*Are you the Sandman, then?*), ce sont en effet bien plus les propriétés du sujet *I* que la validation de la relation <I-come to visit you tonight> qui font l'objet du dialogue.

Ce phénomène est du reste confirmé par la remarque suivante de Quirk e.a. (1985 : 216) :

« There is, however, a separate use of the *will / shall* + progressive construction to denote "FUTURE AS A MATTER OF COURSE". The use of this combination avoids the interpretation [...] of volition, intention, promise, etc. :
We'*ll be flying* at 30000 feet.
This, spoken by the pilot of an aircraft to his passengers, means "30 000 feet is the normal and expected altitude for the flight." »

L'expression *matter of course* (i.e. *natural or expected thing*, selon le Concise Oxford Dictionary), ainsi que les qualificatifs de *normal* et *expected*, témoignent relativement clairement d'un renvoi au centre organisateur, à l'occurrence type, et donc à la dimension qualitative de la relation. La glose de Quirk montre d'ailleurs sans équivoque qu'elle représente l'apport essentiel d'information dans un tel énoncé, la manifestation quantitative de la relation allant pour ainsi dire de soi et n'étant donc que secondaire.

6. Les valeurs "radicales" de *will*

La valeur épistémique de *will* [2], telle qu'elle est illustrée en (2), (3) et (11), se rencontre essentiellement lorsque la relation prédicative renferme un sujet à

---

[2]   Nous ne traiterons pas ici, faute de place, de la simple valeur de renvoi à l'avenir du modal, telle qu'elle est par exemple illustrée dans *I will be fifty tomorrow*. *Will* y indique également la conformité des dimensions quantitative et qualitative de la relation, sans toutefois aller jusqu'à l'identification, car on aurait alors affaire à une assertion pure et simple (i.e. *I am fifty tomorrow*). Mais, dans ce cas, l'impossibilité d'identification n'est pas liée à une ignorance du sujet énonciateur, et donc à une incapacité réelle de prendre en charge la relation, comme avec la valeur épistémique du modal. Elle découle en effet seulement du décalage temporel qu'implique le renvoi à l'avenir, et on a alors en fait affaire à ce que Culioli appelle une « assertion différée » (1990 : 127),

référent inanimé et/ou un verbe statif (ou rendu statif par l'adjonction de marqueurs aspectuels tels que *be-ing* ou *have-en*). En ce sens, il est d'ailleurs quelque peu abusif de parler d'occurrence quantitative comme cela a parfois été fait pour des raisons de commodité, puisqu'il n'y a pas vraiment occurrence, mais seulement définition du sujet comme support quantitatif de la relation (ce qui explique du reste que ce soit majoritairement les propriétés de ce dernier qui entrent en ligne de compte dans la délimitation qualitative de la relation).

Les valeurs dites radicales de *will* naissent elles de la combinaison d'un sujet à référent animé et d'un procès de type processus, permettant au sens strict une occurrence quantitative de la relation, comme par exemple dans les énoncés (14) et (15) qui suivent. Dans une telle configuration, le sujet n'est en effet plus construit comme un simple support quantitatif, mais comme un véritable agent, responsable à part entière de la validation de la relation. Cette combinaison va par là même se caractériser dans la majeure partie des cas par que représente l'occurrence quantitative de la relation.

6.1. Intention

Si Palmer classe les valeurs radicales de *will* globalement sous l'étiquette de *"volition"*, J. Coates introduit une catégorisation plus fine en distinguant les interprétations d' *"intention"* et de *"willingness"*. La première se rencontre essentiellement lorsque le sujet correspond à *I*, c'est-à-dire est identifié à l'énonciateur, et elle peut être illustrée à l'aide des énoncés suivants :

(14)   « I *will* speak to him, » he said with the air of a man who has made *a reckless decision*. « I *will* go to him this morning. » (Peter Carey, *Collected Stories*)

(15)   – *I want to go* to the funeral, Richard.
         – He smiled cruelly at me.
         – In Jersey? You won't go there.
         – The Channel Islands…I said hesitantly. I didn't know Chrissie was from there.
         – I *will* go, I told him. *I was determined to go*. I felt culpable enough. I had to go. (Irvine Welsh, *The Acid House*)

Dans les deux cas proposés, comme le montrent les passages soulignés, intervient explicitement une idée de décision ou de détermination. Dans un tel contexte agentif, où sujet de l'énoncé et sujet de l'énonciation sont identifiés, construire au moyen de *will* l'occurrence quantitative de la relation comme étant en adéquation avec la représentation qualitative qu'on en a

---

d'où le plus grand degré de certitude noté par certains grammairiens (*Cf.* Palmer 1979 : 119).

revient en effet à traiter cette occurrence comme représentant une « bonne valeur », non pas dans le sens d'une valeur vraie, comme c'était le cas avec l'interprétation épistémique du modal, mais dans le sens d'une valeur souhaitée, désirée. Autrement dit, dans ce genre d'environnement, la dimension qualitative de la relation se voit associer une valuation subjective, et il y a par conséquent apparition d'une forme de téléonomie, l'occurrence quantitative de la relation étant traitée comme une sorte d'objectif à atteindre, ainsi qu'on peut d'ailleurs le constater en (15) : *I want to go*. De là provient naturellement la nuance d'intention que l'on prête à de tels énoncés.

6.2. Willingness

La délimitation qualitative de la relation s'effectue aussi en termes de valuation dans les cas où *will* a sa valeur de *"willingness"*, pour reprendre la terminologie de J. Coates, comme dans les exemples qui suivent :

(16)   – Tell your Mr Kasperl, he said over his shoulder. He'll be hearing from us.
         – Oh, I *will*, Felix said seriously, I'*ll* tell him. (John Banville, *Mefisto*)
(17)   And sometimes I have to *find* writers, which is slightly more tricky : you know, somebody wants a book written – a history of their family, or something – and we have to find a writer who'*ll* take it on. (Jonathan Coe, *What a Carve Up!*)
(18)   Usually I have to push her out before *she'll* leave. (Jack Womack, *Random Acts of Senseless Violence*)

Dans ces trois énoncés, *will* indique une forme d'acceptation. Pour qu'il y ait acceptation, il faut naturellement qu'il y ait eu préalablement demande d'acceptation. C'est ce que confirme le contexte avant dans les trois cas. C'est également ce qui transparaît dans la remarque suivante de J. Coates (1983 : 172) : « *The main predication of examples of WILL='Willingness' usually refers to some topic already introduced.* » On se trouve donc pris dans une relation intersubjective, avec un premier sujet qui propose, et qui, partant, value qualitativement la relation, et un deuxième sujet, correspondant systématiquement au sujet agentif de l'énoncé (*I, who, she*), qui accepte, c'est-à-dire qui ne s'oppose pas à l'occurrence quantitative de la relation, voire qui s'engage à la valider. Dans un tel environnement, il apparaît par conséquent que les deux composantes de l'opération dont *will* est la trace ne sont pas repérées par rapport au même sujet, la relation de conformité s'établissant entre une dimension qualitative construite par un premier sujet et une dimension quantitative qui, elle, dépend du seul sujet de l'énoncé. Cette dissociation apparaît particulièrement nettement dans l'exemple qui suit où la valuation qualitative n'est manifestement pas à mettre au compte du sujet de l'énoncé (*he didn't want to go*) :

(19)   As the darkness finally shrouded the garden a great clamour began in the
         hen house.
         « Bloody python, » said Solly.
         « *I'll* go. » Vincent stood up. *He didn't want to go.* He hadn't gone yet, but
         it was about time he went. (Peter Carey, *Collected Stories*)

Ce phénomène se retrouve lorsque le modal se combine avec une
négation. Mais l'interprétation qui s'impose est alors une interprétation en
termes de refus, car, s'il y a bien toujours valuation qualitative de la part d'un
premier sujet, il y a par contre blocage de l'occurrence quantitative par le
sujet de l'énoncé, et donc refus de valider. C'est ce qu'on peut constater dans
les trois exemples qui suivent, le refus faisant d'ailleurs l'objet d'une
verbalisation explicite en (21) :

(20)   My L'il Fetus is a doll baby that fits in a pack Boob ties around her
         stomach. When you press its button it kicks her like a real baby would.
         Mama and Daddy don't like it but Boob loves it. She'd even wear it to
         school if they let her but they *won't*. (Jack Womack, *Random Acts of
         Senseless Violence*)
(21)   « I'm sorry, » I said. « Can I see him ? » [...]
         « He *won't* see you, » she said. « He refuses. » (William Boyd, *Brazzaville
         Beach*)
(22)   I don't mind being regarded as a maverick, an oddball. This is often what
         happens to men of vision. I don't care if they *won't* let me join the masons,
         for instance. I didn't want to join the fucking masons in the first place. Why
         should I want to join the fucking masons? (Jonathan Coe, *The House of
         Sleep*)

Il existe donc une différence importante entre les valeurs d' *"intention"*
et de *"willingness"*, même si elles sont toutes les deux classées sous
l'étiquette de *"volition"*. Dans le premier cas, la valuation qualitative et
l'occurrence quantitative dépendent, comme on l'a dit, du même sujet, alors
qu'elles sont le fait de deux sujets différents dans le deuxième cas. En
d'autres termes, si le désir, l'intention, ou, plus largement, la composante
téléonomique, émanent du référent du sujet de *will* avec la première valeur,
ils sont à mettre au compte d'un sujet autre que le sujet syntaxique dans
l'interprétation de *"willingness"*, ce dernier ne faisant que marquer ou non
son opposition. C'est cette dissociation des deux dimensions de la relation
qui est à l'origine de l'apparition de ces valeurs intersubjectives que
constituent l'acceptation et le refus. En combinaison avec la négation,
l'apparition de cette dernière valeur peut d'ailleurs même se rencontrer avec
un sujet à référent inanimé :

(23)   He said, « Is something wrong? »
         I answered, « The gun *will not* fire. »
         « It's a Schmeisser. An excellent weapon. »
         « I have tried three times. »
         « It *will not* fire because it is not loaded. » (John Fowles, *The Magus*)

Il est souvent dit, à propos de semblables exemples, qu'il y a personnification du sujet, celui-ci étant par définition incapable d'agentivité. Mais ce qu'on retrouve fondamentalement ici aussi, c'est une dissociation des dimensions qualitative et quantitative de la relation. Et c'est parce que le sujet énonciateur value qualitativement la relation prédicative (souhait, désir) qu'il y a naissance d'une pseudo relation intersubjective et que le blocage de son occurrence quantitative par le sujet de l'énoncé s'interprète en termes de refus. S'il y a une idée de refus dans ces énoncés, elle est donc bien plus liée au désir contrarié de l'énonciateur qu'à l'apparition d'une quelconque volonté du référent inanimé du sujet syntaxique.

7. La négation

Une autre distinction qui semble pouvoir être faite entre les deux valeurs d'*"intention"* et de *"willingness"* concerne précisément la portée de la négation. De ce point de vue, les linguistes ne distinguent généralement pas les deux cas. Ainsi peut-on lire chez J. Coates (1983 : 176) : « With Root WILL, negation affects the modal predication, not the main predication (*I am not willing to x, I do not intend to x*). » Ce sont effectivement ces deux paraphrases qui pourraient respectivement s'appliquer aux deux énoncés qui suivent :

(24)   « It is true that a significant proportion of the community is offended by any abortion after 26 weeks that is not medically indicated », he said. « We practice medicine in a social context. So that is why I *will* not perform an abortion after 26 weeks just because a woman has decided she does not want to carry the pregnancy to term. » (Document Internet)

(25)   I *will* not record here the difficulties, some of them amusing, that confronted Eddie when he decided to truss the pig, nor those that beset him when he tried to get it into the car. Suffice it to say that he was badly bitten [...] (Peter Carey, *Collected Stories*)

Cependant la possibilité d'avoir recours à ces deux paraphrases n'est peut-être pas suffisante pour dire que la négation porte dans les deux cas sur le modal. Le problème que pose la négation en combinaison avec les auxiliaires modaux peut en effet grossièrement se résumer à une distinction entre position et portée. Ceci est généralement illustré par des paradigmes du type du suivant, emprunté à J. Coates (1983 : 182) :

« Root :   *I won't x* – 'I am unwilling to x'
                                    'I don't intend to x'
    Epistemic :   *I won't x* – 'I (confidently) predict that…not x' »

On constate, si besoin était, que la question de la portée de la négation
trouve une réponse dans la place qu'elle occupe dans la paraphrase. Or une
telle démarche peut présenter deux inconvénients. Le premier, mineur,
concerne précisément la distinction entre portée et position dont on peut
malicieusement se demander si elle ne doit pas aussi s'appliquer au sein de la
paraphrase. Le second, plus sérieux, a trait au statut même de la paraphrase
choisie. Il n'est en effet nullement certain que celle-ci rende bien compte de
la totalité de l'opération qu'elle est censée représenter. On peut au contraire
penser qu'elle ne fait peut-être que mettre en évidence un effet de sens qui ne
correspond qu'à une partie de l'opération d'origine, à ce qu'on pourrait
appeler son résultat sémantique. C'est ce que pourrait illustrer la paire
d'énoncés suivante que cite Palmer, à un tout autre propos :

    « *John will come, but he won't / is not going to.
    John is willing to come, but he won't / is not going to. » (1979 : 110)

En s'en inspirant, on pourrait éventuellement imaginer cette autre paire :

(26)   *John won't come, but he will.
          John is unwilling / doesn't intend to come, but he will.

Dans les deux cas, on s'aperçoit qu'il est possible de faire cohabiter le modal
et sa paraphrase alors même qu'ils sont de polarité inverse et censément
antinomiques. Cela porte à penser que le recours à la paraphrase n'est pas
décisif pour ce qui est de déterminer la portée de la négation.
        L'objectif des quelques lignes qui précèdent n'est nullement de suggérer
qu'il serait peut-être plus judicieux de considérer que, malgré sa position
dans la paraphrase, la négation porte peut-être en définitive plutôt sur le
prédicat que sur le modal. Notre propos est en fait de profiter de cette
imperfection dans le raisonnement pour nous demander s'il ne vaudrait pas
mieux envisager le problème de la portée de la négation tout autrement.
L'opération marquée par *will* mettant en jeu les deux délimitations de la
relation, on peut en effet penser que la négation peut concerner chacune de
ces deux délimitations, et nous situer à l'extérieur soit d'un point de vue
quantitatif soit d'un point de vue qualitatif.
        Ainsi, dans le cas de la valeur de refus, on a vu qu'un premier sujet,
quel qu'il soit, valuait qualitativement la relation, mais qu'un second sujet,
correspondant   systématiquement   au   sujet   de   l'énoncé,   bloquait   son

occurrence. On pourrait donc avancer, dans le cadre de la représentation proposée, que la négation porte sur la dimension quantitative de la relation. A l'inverse, la négation de l'intention dans un énoncé comme (25) semble bien plutôt concerner la valuation qualitative de la relation, puisque cela revient pour l'énonciateur à indiquer qu'il ne la construit pas comme objectif à atteindre, et, partant, qu'il la value négativement, ou, au moins, qu'il ne la value pas positivement.

Si on pousse le raisonnement un peu plus loin, on est même, dans une telle approche, amené à s'interroger sur le bien-fondé de la différence qui est faite entre le comportement de la négation avec les valeurs radicales du modal et avec sa ou ses valeurs épistémiques, telle qu'elle est par exemple illustrée par le paradigme de J. Coates cité plus haut. On pourrait en effet, à la lumière de ce qui vient d'être avancé, être tenté de faire le même genre d'observations pour ce qui est de la portée de la négation avec la valeur épistémique de *will*. Il semble en effet qu'elle puisse aussi bien être orientée vers la dimension qualitative de l'opération que vers sa dimension quantitative. Ainsi, dans un énoncé comme (27), on peut considérer que la négation porte essentiellement sur l'occurrence quantitative de la relation :

(27)   « I see, » he said. « I see : they've started already, have they? They're already sending their spies down here. Sneaking into the clinic, posing as patients. Snooping around in the middle of the night. Planting cameras and microphones, I wouldn't be surprised. Oh yes, it's started, all right. But they *won't* smuggle any more people in here – and do you know why? Because from now on, there are going to be no patients at all. » (Jonathan Coe, *The House of Sleep*)

Dans un tel énoncé, on se place en effet à l'extérieur du domaine d'un point de vue quantitatif, car c'est l'absence d'occurrence spatio-temporelle qui importe avant tout : on envisage, on « prédit » l'inexistence, la non occurrence de P.

Par contre, dans un énoncé comme (28), c'est d'un point de vue qualitatif que l'on se situe à l'extérieur :

(28)   Hilary was the first to return, followed shortly by the butler.
« Any luck? » she asked him.
Pyles shook his head. « You *won't* be seeing her again, » he said, in his most lugubrious tone. « Not on this side of the grave. » (Jonathan Coe, *What a Carve Up!*)

On aura reconnu une occurrence du « *future as a matter of course* » de Quirk, dans laquelle tout se passe comme si on partait d'emblée d'une représentation notionnelle négative et que l'on avait donc affaire à une négation primitive. Cet énoncé équivaut en effet à *she is dead*, et implique par conséquent une délimitation qualitative négative, qu'on pourrait gloser, maladroitement certes, par *"she is invisible"*. On s'intéresse, dans une certaine mesure, non pas à la non occurrence de P, comme en (27), mais à l'occurrence de non P.

Cette même orientation de la négation peut également se rencontrer en contexte générique où on a alors affaire à la construction d'une véritable propriété négative du sujet de l'énoncé. C'est ce qui se produit de manière très nette dans l'exemple suivant, les nombres impairs ayant la propriété bien connue de *ne pas* être divisibles par 2 :

(29)   I think there will be a pattern, because all the numbers have the lines, have like long lines and I think even numbers will all have the dimensions of two. All the odd numbers *won't* have a dimension of two. (Document Internet)

On retrouve par conséquent la même distribution qu'en (24) et (25) où il y avait valuation qualitative, et, autrement dit, en envisageant le problème sous cet angle, la valeur dite épistémique de *will* ne se différencie pas fondamentalement de sa valeur dite radicale pour ce qui est de la portée de la négation.

8. Conclusion

L'approche qui vient d'être exposée autorise donc un traitement homogène et cohérent de l'ensemble des valeurs du modal. Elle ne part pas, on l'a vu, de l'existence de différents noyaux de sens, mais d'un schéma abstrait, volontairement simple (conformité de Qlt et Qnt), et unique, l'apparition des différents effets de sens étant interprétée comme le résultat des déformations imposées par le contexte à ce schéma de base (repérage spécifique / générique, aspect, processus / état, etc.). Le modèle proposé est donc un modèle de la construction du sens, où chaque valeur du modal correspond à une configuration particulière d'un certain nombre de paramètres. Ce modèle demande certes à être encore affiné et vérifié, notamment par son extension aux autres modaux, mais il permet d'ores et déjà de sortir du cadre étroit et sclérosant de la traditionnelle distinction sémantique entre valeurs épistémiques et valeurs radicales des modaux, et de reformuler certains problèmes d'ordre syntaxique, comme celui de la négation, mais aussi de l'interrogation et des hypothétiques (qui n'ont pas été abordées ici faute de place).

Références

CLOSE, R. A., 1980, « *Will* in *if*-clauses », *In:* GREENBAUM, S., LEECH, G. & SVARTVIK, J. (éds.), 1980, *Studies in English Linguistics for Randolph Quirk*, London, Longman, p. 100-109.

COATES, J., 1983, *The Semantics of the Modal Auxiliaries*, London, Croom Helm.

CULIOLI, A., 1990, *Pour une linguistique de l'énonciation, Opérations et représentations*, Tome 1, Gap, Ophrys.

CULIOLI, A., 1999a, *Pour une linguistique de l'énonciation, Formalisation et opérations de repérage*, Tome 2, Gap, Ophrys.

CULIOLI, A., 1999b, *Pour une linguistique de l'énonciation, Domaine notionnel*, Tome 3, Gap, Ophrys.

DESCHAMPS, A., 1998, « Modalité et construction de la référence », *In:* LE QUERLER, N. & GILBERT, E. (éds.), 1998, *La référence -1-, Statut et processus*, Rennes, P.U.R. (*Travaux linguistiques du Cerlico*, 11), p. 127-145.

FRANCKEL, J.-J. & LEBAUD, D., 1990, *Les figures du sujet, A propos des verbes de perception, sentiment, connaissance*, Gap, Ophrys.

GILBERT, E., 1987, « *May, must, can* et les opérations énonciatives », Gap, Ophrys. (*Cahiers de recherche en grammaire anglaise*, 3).

GILBERT, E., à paraître, « Quantification, qualification et modalités. Le cas de *pouvoir* et de *devoir* », Actes du colloque «international de linguistique française, « Parcours énonciatifs et parcours interprétatifs. Théories et applications », Université de Tromsø, 26-29 octobre 2000.

GRIZE, J.-B., 1996, *Logique naturelle et communications*, Paris, PUF.

JOOS, M., 1964, *The English Verb: Form and Meanings*, Madison and Milwaukee, University of Wisconsin Press.

LEECH, G. N., 1971, *Meaning and the English Verb*, London, Longman.

PALMER, F. R., 1979, *Modality and the English Modals*, London, Longman.

QUIRK, R., GREENBAUM, S., LEECH, G., SVARTVIK, J., 1985, *A Comprehensive Grammar of the English Language*, London, Longman.

Shall : visée et prise en charge énonciative

Odile BLANVILLAIN
Université de Caen – CRISCO

0. Introduction

Je me propose ici d'étudier le fonctionnement de l'auxiliaire modal *shall*. Cette étude se fera dans le cadre de la *Théorie des Opérations Enonciatives* d'A. Culioli. Mon but est de dégager une "forme schématique [1]", unique mais déformable, c'est-à-dire une représentation métalinguistique permettant de décrire ce marqueur de façon unifiée.

1. *Shall* en énoncés indépendants
1.1. *Shall* et la "visée"

Je partirai de l'hypothèse que *shall* marque une "visée [2]" ou "assertion différée", hypothèse que l'on cherchera à préciser et à enrichir au fur et à mesure de l'étude. A partir d'une position extérieure où la validation (ou la non-validation) de la relation prédicative considérée reste envisageable, l'énonciateur *vise* la validation de cette relation (ou sa non-validation s'il s'agit d'un énoncé négatif). Le chemin ainsi défini marque la distance entre le moment projeté pour la validation de la relation (T2) et le moment-repère énonciatif (T0). L'assertion est "différée" car l'événement auquel il est fait référence se situe en un temps postérieur au moment de l'énonciation. *Shall* marque que la relation prédicative à laquelle il est associé sera validée dans le futur.

    E. Gilbert [3] note que « l'opération de visée suppose que l'on pose une valeur sans rien dire de sa valeur complémentaire », ce qui s'applique bien à *shall* qui pose l'existence d'un chemin "sans plus". Au contraire, le modal *must* établit une "visée renforcée [4]" : il pose l'existence d'un et d'un seul chemin, dans le sens où le chemin qui mène à la valeur complémentaire a été envisagé, mais éliminé.

---

[1]   *Cf.* Culioli (1992 : 10-11).
[2]   La visée (ou projection dans l'avenir) est définie par Groussier & Rivière (1996 : 165) comme suit : « opération modale consistant, pour l'énonciateur, à asserter l'existence ou la non-existence à venir d'un fait ».
[3]   *Cf.* Gilbert (1987 : 180).
[4]   *Ibid.*

De plus, avec *must*, l'élimination de la valeur complémentaire est liée à une argumentation [5] (explicite ou non). Ce n'est pas le cas de *shall* pour lequel la visée n'est soutenue par aucune argumentation, raisonnement ou prise en compte d'indices extérieurs. Par rapport à la valeur "déontique" de *must* (qui permet, comme avec *shall*, de travailler sur une relation prédicative "à valider"), je me contenterai de rappeler l'exemple de Bouscaren, Chuquet & Danon-Boileau (1987) : *You must marry him*, qui suppose l'existence de (bonnes) raisons à ce mariage, tandis que *You shall marry him* ne suppose rien de tel. Ce dernier énoncé ne suppose pas même une valuation positive de la validation de la relation.

Il est également intéressant de noter que *shall* ne peut entrer en concurrence avec *must*, *will* ou même *should* en ce qui concerne la modalité "épistémique" lorsqu'on renvoie à un événement antérieur ou concomitant avec le moment d'énonciation. On sait que *must* a partie liée avec l'argumentation et la prise en compte d'indices extérieurs. C'est également le cas avec *should* (qui ajoute comme différence avec *shall* la présence d'une valuation positive de la validation de la relation [6]). On peut rappeler à ce propos les deux exemples, devenus célèbres, de Rivière (1981) :

(1)   You live in Oxford, you *must* know Prof. Fen then.
(2)   You live in Oxford, you *should* know Prof. Fen then.
         (mais : *You live in Oxford, you *shall* know Prof. Fen then.)

Pour *will*, un exemple du type de (3)

(3)   (Three knocks on the door)
         This *will* be the man upstairs again ! (exemple emprunté à Bouscaren, Chuquet & Danon-Boileau 1987, p. 61)
         (mais : *This *shall* be the man upstairs again !)

repose sur la connaissance qu'a l'énonciateur de la personne en question et sur une expérience préalable de situations analogues, qui serviront de référence.

Avec tous ces modaux, on pourra noter que la délimitation quantitative de la relation (son ancrage spatio-temporel) est associée à un certain type de délimitation qualitative (conformité à un étalon qualitatif [7] ou valuation

---

[5]   Cette association de *must* et de l'argumentation a été soulignée par plusieurs auteurs, dont Gilbert (1987 : 173-231), Bouscaren, Chuquet & Danon-Boileau (1987 : 52-53) et Rivière (1981).

[6]   Pour plus de détails illustrant cet aspect essentiel du fonctionnement de *should*, je renvoie à mon article du n° 8 d'*Anglophonia / Sigma*.

[7]   ou "étalonnage qualitatif" (prise en compte de facteurs extérieurs, de critères logiques, normatifs ou moraux selon le contexte).

positive [8]). Or, il semble bien que la visée exprimée par *shall* ne soit jamais justifiée par une quelconque structuration notionnelle [9] de l'occurrence.

Si l'on revient maintenant au renvoi à l'avenir, on pourra reprendre la comparaison avec *will* (dans sa valeur parfois dite de "futur"). Le fait que le fonctionnement de *will* se fonde sur la prise en compte d'indices variés lui permet de faire référence au présent comme à l'avenir, selon l'orientation que fournira le contexte. On voit donc pourquoi *will* ne peut être réduit à un marqueur temporel : la visée qu'il exprime (c'est-à-dire l'ancrage spatio-temporel de la relation, sa délimitation Qnt) est indissociable de sa "justification [10]" (c'est-à-dire de sa délimitation Qlt).

Avec *shall*, au contraire, la référence à l'avenir est systématique et la présence de *shall* suffit à poser cette référence "future" (ce qui est bien entendu à mettre en relation avec le fait que le fonctionnement de *shall* ne repose pas sur la prise en compte d'indices extérieurs [11]). La visée ne s'accompagne d'aucun formatage qualitatif. Est-ce à dire que la dimension qualitative est absente du fonctionnement de *shall* ? Ce qui reviendrait à dire que l'opération marquée par *shall* se réduit à l'assertion différée, c'est-à-dire au marquage du futur (à une dimension purement Qnt). Une telle hypothèse s'oppose évidemment à l'intuition des locuteurs : *shall* n'est pas perçu comme un marqueur *neutre* du futur.

En effet, l'absence de structuration notionnelle de la relation associée à *shall* le rend particulièrement compatible avec les cas où la validation de la relation ne va pas de soi. Cette absence de formatage Qlt de l'occurrence avec *shall* est donc elle-même porteuse de sens. De plus, le coup de force que représente la prédiction de la validation d'une relation qui ne va pas de soi semble impliquer une prise en charge subjective particulière [12].

---

8   Pour une présentation détaillée des termes techniques utilisés dans cet article, je renvoie à l'annexe de Franckel & Lebaud (1990).

9   Puisqu'elle ne s'associe à aucune valuation positive ou justification argumentative. Autrement dit, *shall* n'établit pas de conformité entre l'occurrence situationnelle de relation (c'est-à-dire sa dimension quantitative) et une représentation qualitative étalon, ou de "bonne valeur" (valuation positive de cette relation).

10   Même si le contexte peut neutraliser la dimension Qlt et ne faire ressortir que la "visée pure" (dimension Qnt), la visée est toujours associée à un formatage qualitatif de l'occurrence (*Cf.* l'analyse de *will* d'E. Gilbert en termes d'adéquation entre délimitations quantitative et qualitative de l'occurrence).

11   Ce qui montre bien que *shall* n'est pas un modal "épistémique" : la prédiction qu'il exprime ne correspond pas à un jugement épistémique, c'est-à-dire à une évaluation des possibilités de validation de la relation en fonction de critères extérieurs.

12   Cette analyse semble rejoindre d'assez près celle de H. Adamczewski (1982 : 149) :

1.2. *Shall* et l'"engagement subjectif"

Ma seconde hypothèse [13] est donc qu'avec *shall*, la délimitation Qlt de
l'occurrence ne correspond pas à sa structuration notionnelle, mais à sa prise
en charge subjective [14] : on a une justification purement subjective (au sens
de repérage par rapport au paramètre S) de la visée. La validation de la
relation dans le futur est garantie par l'énonciateur [15]. La seule justification de
la visée est son repérage, sa localisation par rapport à son origine
énonciative [16].

Cette distinction entre prise en charge subjective et formatage qualitatif
de l'occurrence permet peut-être de traduire l'idée de Cherchi (1986 : 206) et
de Bouscaren, Chuquet & Danon-Boileau (1987 : 52-53) selon laquelle, avec
shall, c'est uniquement la "parole" qui garantit la validation. L'importance de
l'origine énonciative peut être mise en évidence par certaines gloses, comme

---

[13]   « *Shall* signale l'absence de compatibilité, de concordance *préétablie* entre *S* et
P. Cet opérateur permet donc de lier des entités qui n'avaient pas à l'origine
vocation pour entrer en relation. *Shall* est de ce fait une forme *forte* et *will*,
symbole de concordance inhérente. Tous les effets de sens de ces deux modaux
découleront de l'opposition qui vient d'être rappelée. Avec *shall*, l'énonciateur
garantit *personnellement* la prédication et il le fait pour pallier l'absence de
compatibilité naturelle entre *S* et *P* ».
Cette hypothèse pose peut-être un problème d'ordre théorique (mais son
explicitation présentera au moins l'avantage de la rendre falsifiable) : peut-on
séparer structuration notionnelle et prise en charge subjective (toutes deux
renvoyant à la délimitation Qlt de l'occurrence) ? Il est clair que la structuration
notionnelle (conformité à un type ou valuation positive) est nécessairement à
rattacher à un repérage subjectif, mais le repérage subjectif entraîne-t-il
nécessairement une structuration notionnelle de l'occurrence considérée ?
L'étude de *shall* me semble entraîner une réponse négative.

[14]   *Cf.* la propriété d'*engagement subjectif* définie dans Culioli (1992 : 16).

[15]   L'exemple suivant, cité par H. Adamczewski & Delmas (1982 : 153) et tiré d'un
texte de Henry James, fournit une belle illustration de la différence de
fonctionnement de *will* (exprimant une prédiction fondée sur le savoir de
l'énonciateur) et de *shall* (grâce auquel l'énonciateur s'engage, "donne sa
parole") :
> A : "I want to what they call 'live'."
> B : "You *will* live," said Dr. Hugh.
> A : "Don't be superficial. It's too serious."
> B : "You *shall* live."
> A : "Ah, that's better."

[16]   *Cf.* également Larreya (1984 : 201, 205-206) qui parle du caractère "énonciatif"
de *shall* et met en avant l'engagement personnel de l'énonciateur quant à la
validation de la relation.

celle que proposent ces mêmes auteurs : "Il en sera ainsi parce que je le dis".
Voici quelques énoncés qui illustrent ce point :

(4)   The Christian strains of 'We *shall* Overcome' gave way to the more
        Garrisonian 'We *shall* be heard !' as the Sixties progressed. (*Black World*,
        Sept. 1973, p. 8/1)
(5)   I, of course, expected and still expect to be at least a Law Lord, and if I
        don't get the position I *shall* spread a rumour that Lord Mackay doesn't
        know who Pufendorf was. (B. Levin, "Lost in the fog of law", *Times*, 7 Oct.
        1994, p. 18)
(6)   After the hearing Mr Jeeves said : 'They can stick their cottage. I *shall* not
        move into it.' (*Daily Telegraph*, 22 June 1977, p. 17/8)
(7)   'You shan't have to. I'll look after you. Don't cry anymore. Don't you see
        what a good thing it was that you met me ? We'll have tea and you'll tell me
        everything. And *I shall arrange something. I promise.* [...].' (K. Mansfield,
        Selected Stories, p. 350)

Le choix de *shall* dans les slogans (*Cf.* exemple 4) est assez révélateur :
il s'agit d'être directement percutant (par la parole elle-même) et non
d'argumenter. L'énoncé (5) pourrait, quant à lui, être glosé par : "*Je vous
garantis / Je vous préviens que* je répandrai la rumeur que ..." et l'énoncé (6)
par : "Je n'emménagerai pas dans leur cottage, *c'est moi qui vous le dis / vous
pouvez me croire*". En (7) la prise en charge énonciative est explicitée par
l'énoncé qui suit ("I promise"). On s'aperçoit ainsi que l'on peut gloser tous
les énoncés indépendants en *shall* par une expression traduisant la prise en
charge énonciative du contenu de la proposition (on peut ajouter aux
exemples précédents des gloses du type : "Je tiens à vous dire que ...", "Je
vous signale que ...", "Je vous annonce que ...", "Je déclare que ...", "Je peux
vous dire que ...", etc.).
    On peut encore ajouter l'exemple des textes scientifiques où l'auteur
annonce ce dont il va parler et comment il désignera tel ou tel élément de son
étude. Dans ce contexte, *shall* permet précisément à l'auteur de poser certains
choix sans justification de type argumentatif :

(8)   Relating anorexia to bulimia, it may also help to stimulate successful
        therapies for young women whom I *shall* describe as "bulimarexics". (M.
        Boskind-Lohdahl, *Signs*, Winter 1976, p. 343)
(9)   In the following discussion I *shall* be concerned with predicate adjectives,
        except where otherwise noted. (*Word*, XXVIII, 1972, p. 79)

C'est encore ce rapport à la détermination qualitative de l'occurrence
qui permet d'expliquer les valeurs de "volition / bonne volonté" de *will* ou de
"contrainte sur le sujet" de *shall*. Je m'arrêterai maintenant sur cette valeur de
contrainte et sur ses variations en fonction du contexte.

1.3. "Non-autonomie du sujet" et variation sur la prise en charge énonciative

Nous avons vu que seule l'origine énonciative intervenait dans la justification de l'assertion différée, ce qui signifie que le sujet de l'énoncé n'intervient pas à ce niveau. L'énonciateur (S0) garantit la validation de la relation sans prendre en compte le sujet de l'énoncé [17] (S2), si ce n'est comme simple sujet syntaxique (C0). C'est ce qui donne cette impression de "non-agentivité", de "non-autonomie" de S2 dans les énoncés en *shall* : le sujet de l'énoncé n'est que le "support", le "siège" du procès et n'est pas posé comme véritable agent.

C'est cette absence de liberté du sujet, sa non-autonomie, qui crée la valeur de "contrainte" associée à *shall* : le sujet se trouve impliqué dans la validation de la relation (au niveau quantitatif, comme sujet de la relation prédicative) sans être pris en compte en tant que sujet agissant, intentionnel (au niveau qualitatif). Mais il faut bien voir qu'avec *shall* (à la différence de *must*), il n'existe pas de "source déontique" qui fasse directement pression sur S2 pour valider la relation, puisque ce dernier n'est précisément pas pris en compte au niveau qualitatif. La seule contrainte sur le sujet existant ici s'exerce donc par la "parole" de celui qui garantit la validation du procès sans faire intervenir son sujet.

Cette "parole garante" peut prendre différentes formes. En effet, dans certains cas, le locuteur n'est que le "canal de transmission", le "porte-parole", le relais d'une autorité énonciative "supérieure". C'est le cas des énoncés de type prophétique, où l'autorité relève du divin :

(10)   *Soothsayer :* You *shall* be more beloving than beloved. (Shakespeare, *Antony and Cleopatra*, Act First, Scene 1)

(11)   *Soothsayer :* You *shall* outlive the lady whom you serve. (*Ibid.*)

Dans l'exemple suivant, c'est d'ailleurs Dieu lui-même qui parle :

(12)   'You have rightly chosen,' *said God*, 'for in my garden of Paradise this little bird *shall* sing for evermore, and in my city of gold the Happy Prince *shall* praise me.' (O. Wilde, *The Happy Prince*, p. 169)

---

[17]   même si S0 et S2 se trouvent confondus comme dans les exemples où le sujet est "I" (d'où l'intérêt de toujours distinguer, au niveau théorique, ces deux entités).

La "parole" garante peut également faire place à la "loi écrite" (comme dans les textes juridiques [18]) :

(13)   These directions *shall* supersede any Practice Masters' Rule or Direction dealing with the same subject. (*Masters' Practice Directions, Tables & Forms*, Supreme Court of Judicature 1, 1966)

(14)   A referendum *shall* be held on the question whether the United Kingdom is to remain a member of the European Economic Community. (Act Eliz. II c. 33 ß1, 1975)

Dans tous les cas, on considérera que la validation de la relation est garantie par son origine énonciative.

La valeur de "contrainte sur le sujet" émanant de l'énoncé en *shall* est particulièrement forte quand on a des relations intersubjectives directes et un verbe de processus (supposant un agent au procès), puisque *shall* retire sa qualité d'agent volontaire au sujet, comme l'illustrent les exemples suivants [19] :

(15)   '[...] What were you signalling about ? Did you understand what she ...' Poirot cut her short. '*You shall* tell me presently. I know enough.' (A. Christie, *Third Girl*, p. 21)

(16)   'Mr Podgers, I must insist on your giving me a staightforward answer to a question I am going to put to you.' 'Another time, Lord Arthur, but the Duchess is anxious. I am afraid *I must go.*' '*You shall not go.* The Duchess is in no hurry." (O. Wilde, *Lord Arthur Savile's Crime*, p. 48)

Intervient également le caractère bénéfique ou détrimental de la validation de la relation. Si elle n'est pas contraire à la volonté de S2, la valeur de "contrainte", à proprement parler, disparaît (bien que la non-autonomie du sujet soit toujours présente). C'est le cas dans l'exemple qui suit :

(17)   'Oh, but *I should love to see it,* Lady Eleanor,' cried Eustace [...].

---

[18]   et bibliques, *cf.* les dix commandements : *"Thou shalt not kill", "Thou shalt not commit adultery"*, etc.

[19]   Les énoncés de ce type se rapprochent de l'injonction dans la mesure où la contrainte exprimée par *shall* n'est associée à aucune justification. Ils en divergent cependant, d'une part au niveau de l'ancrage spatio-temporel, et d'autre part au niveau du repérage subjectif car avec l'injonction (*Cf.* Paillard 1992 : 82), on a une double "polarisation subjective" où le co-énonciateur possède lui-même un statut de repère de la relation (ce qui n'est pas le cas avec *shall*).

'Well, you *shall*,' she said. [...] (L. P. Hartley, *Eustace and Hilda*, p. 365)

On voit ici que la validation de la relation est valuée positivement par le co-énonciateur ("I should love to see it") : *You shall (see it)* ne s'interprète donc pas comme une obligation. Cependant, la non-autonomie du sujet est toujours là : S2 n'est pas mis en avant dans l'établissement de la visée qui repose uniquement sur l'engagement personnel de S0.

Dans les cas où le sujet de l'énoncé sort du champ de l'interlocution, l'apparition d'une valeur de contrainte dépend des mêmes facteurs : type de procès, caractère détrimental ou bénéfique de sa validation. La non-autonomie, elle, est toujours présente :

(18)   'Very well, Mr Wooster,' he said. 'Fresh from a perusal of this noble work
         of yours, I cannot harden my heart. *Richard shall have* his allowance.'
         (P. G. Wodehouse, *The Inimitable Jeeves*, p. 191)

Dans cet énoncé, ce n'est pas la contrainte qui ressort, mais la promesse (faite à une personne intercédant en faveur d'un tiers, et concernant ce tiers). Ceci est dû au fait que la validation de la relation sera bénéfique au S2 et que le procès est de type état. Notons que, comme toujours, S2 n'intervient pas dans la validation de la relation : il aura sa rente parce que l'énonciateur s'engage (auprès d'une tierce personne) à la lui fournir.

Quand l'énonciateur est identifié au sujet de l'énoncé, l'aspect contrainte ressort moins, mais le fonctionnement de *shall* reste le même. L'engagement de l'énonciateur reste présent. Il sera mis en avant avec les valeurs de menace (*Cf.* l'énoncé 5) ou de promesse (*Cf.* l'énoncé 7), selon le type de relation. Si le contexte ne fait pas ressortir le caractère problématique de la validation de la relation et que les relations intersubjectives sont neutres, la prise en charge subjective ne sera pas mise en valeur et l'énoncé se rapprochera d'une simple prédiction [20] ("visée pure"). On pourra ajouter

---

[20]   Notons cependant que l'emploi de *shall* à la 1ère personne, sans mise en avant
       de l'engagement personnel de l'énonciateur, est en recul. J.-L. Duchet (1993 :
       108-9), après avoir remarqué « une tendance à l'euphémisme par laquelle
       l'énonciateur évite de se poser en instance dont dépend l'actualisation du procès
       dont une autre personne est le sujet », note que *shall* est utilisé précisément
       lorsque « l'on souhaite marquer ce que l'euphémisation habituelle permet
       d'éviter », et que la valeur radicale de *shall* « s'impose [...] à toutes les
       personnes, y compris à la première, ce qui explique le *I shall* de menace ou de
       promesse, qui s'est substitué au *I will* de même valeur, relevé par Miège et
       Boyer (1756) ». Il ajoute que « ce recentrement de *shall* sur des valeurs
       radicales plus rares, liées à des registres particuliers ou à des relations inter-
       personnelles fortement typées comme ne laissant pas d'autonomie au sujet, va
       entraîner l'abandon à *will* de la valeur épistémique pour toutes les personnes ».

que la présence d'une marque aspectuelle ne suffit pas à gommer la prise en charge subjective (comme le montrent les énoncés suivants, qui peuvent être glosés par une expression mettant en valeur cette prise en charge, telle que : "je peux vous dire que ...") :

(19)   Let Elkan Allan and the rest of the toffee-nosed critics sneer ; *I shall be watching* Big Jim McLain this Sunday and so, I am sure, will a lot of other people. (*Radio Times*, 28 Jan. 1978, p. 17/2)

(20)   If one begins to indulge in presidentialism after the South American pattern, then *we shall have changed* republics. (*Times*, 6 Nov. 1974, p. 14/6)

1.4. Le cas des interrogatives

On ne peut clore cette revue des emplois de *shall* en énoncés indépendants sans s'arrêter un instant sur les interrogatives. Avec la forme interrogative, le "locuteur" ne prend plus en charge la visée [21] et propose cette charge à son "co-locuteur [22]". Avec "Shall I ... ?", il se met à la disposition de son interlocuteur dans le sens où il envisage une relation prédicative dont il est le sujet, mais laisse à l'interlocuteur la décision finale quant à sa validation (on retrouve ici aussi la "non-autonomie" du sujet de l'énoncé). C'est ce qui explique la valeur d' "offre de service", de "mise à disposition" de ce type d'énoncés. Cette valeur apparaît quand la validation de la relation semble particulièrement bénéficier au co-locuteur ("you") :

(21)   'Shall I ask Georges to get *you* a taxi ?' asked Hercule Poirot. 'It will be no trouble, I assure you.' (A. Christie, *Third Girl*, p. 124)

On peut également avoir une valeur de "proposition de faire" quand la validation de la relation semble également (voire surtout) bénéfique au locuteur :

(22)   *Shall I* return to my point, sir ? (N. Marsh, *Dead Water*, 1964, p. 191)

(23)   '*Shall I* show you something, little girl ?' he whispered. His hand was at his trouser-zip. (P. Dickinson, *King & Joker*, 1976, p. 70)

Dans la mesure où le sujet de l'interrogative est mis à la disposition du co-locuteur, on comprend que la majorité des interrogatives en *shall* soit à la 1ère personne. Cependant, on peut imaginer un énoncé à la 3ème personne dans une situation où le locuteur possède une autorité suffisante sur cette tierce personne :

---

[21]   C'est ce que reflète l'emploi du terme "locuteur" ici, plutôt que d' "énonciateur".

[22]   qui devient l'origine énonciative potentielle, c'est-à-dire celui qui pourrait prendre en charge l'énoncé assertif correspondant.

(24) *"Shall Mary* do the shopping for you ?"

prononcé par la mère de Mary à une personne alitée, par exemple. De façon plus surprenante, on trouve également des énoncés interrogatifs à la 2ème personne :

(25)   '*Shall you* tell her it was I who sent the letter ?'
'Why no, of course not,' Constance said. 'What good would it do ? Besides, we shan't be seeing her again.' [23] (L. P. Hartley, *The Hireling*, p. 226)
(26)   What I want you to do is [...] to arrange some plausible pretext for me to visit the Restaricks [...].
'Leave it to me. I'll think of something. *Shall you* give a false name ?'
'Certainly not. Let us at least try to keep it simple.' (A. Christie, *Third Girl*, p. 21)

En fait, on trouve la même atténuation des relations intersubjectives avec "Shall you ... ?" qu'avec "I shall ...". En effet, avec "I shall ...", le sujet de l'énoncé est identifié à l'origine énonciative qui prend en charge l'énoncé. Avec "Shall you ... ?", le sujet de l'énoncé (qui est également le co-locuteur) correspond aussi à la source (potentielle [24]) de la prise en charge énonciative. C'est cette atténuation des valeurs intersubjectives qui fait parfois interpréter "Shall you ... ?" comme épistémique [25]. Ceci dit le fonctionnement de *shall* reste identique : le locuteur interroge son interlocuteur sur sa décision quant à la validation de la relation, mais comme ce dernier se trouve être également le sujet de la relation, c'est une interprétation en termes de simple demande d'information qui prendra le pas.

2. *Shall* en propositions subordonnées

Nous avons vu l'importance que prend le repérage énonciatif dans le fonctionnement de *shall* en énoncés indépendants. On peut donc s'attendre à certaines perturbations quand le modal apparaît au sein d'une proposition subordonnée puisque la prise en charge énonciative se trouve "déplacée". Les cas de figure possibles sont variés selon le type de prise en charge établie par la proposition principale.

---

[23] Le contexte montre que *Shall you ... ?* ne peut être interprété comme une "suggestion de faire" (la validation de la relation étant dommageable pour le locuteur), mais seulement comme demande d'information.
[24] du fait de la structure interrogative.
[25] *Cf.* à ce propos la partie consacrée à *Shall you ... ?* dans Duchet (1993 : 105-108).

2.1. La principale relève de la modalité assertive

On peut avoir une modulation de l'assertion :

(27)   'I shall always remember you as the one person who took my name seriously, as it ought to be taken. Eleanor sounds so distinguished and mediaeval – *I think I shall* ask everyone to call me Eleanor in future [...].' (L. P. Hartley, *Eustace and Hilda*, p. 365)

(28)   'That is settled then, darling,' he wrote to his fiancee. '*I believe that we shall* have a happier union if all that *perfectly natural but lower part* is eliminated from it' [...]. (I. McIntyre, "Great Game, but not cricket", *Times*, 6 Oct. 1994, p. 38)

La modulation correspond ici à une atténuation, mais on peut également avoir un renforcement de l'assertion, comme dans les exemples suivants (où le renforcement correspond à une assertion forte ou à une ré-assertion) :

(29)   'I wish you weren't going for so long,' she said. 'You may not like it, and then what will you do ?'
        '*I'm sure I shall* enjoy myself,' I told her. (L. P. Hartley, *The Go-Between*, p. 30)

(30)   'Use of such weapons has been outlawed by the general opinion of civilized mankind. This country has not used them, and I hope that we never will be compelled to use them. *I state categorically that we shall* under no circumstances resort to the use of such weapons unless they are first used by our enemies.' (A. Heron, *Solving New Problems*, 1961)

(31)   *Reaffirming also that the territory of a State shall* not be violated by being the object, even temporarily, of military occupation or of other measures of force taken by another State in contravention of the Charter [...]. (*Resolution on the Definition of Agression*, 14 Dec. 1974, U.N. Doc. A/9631, p. 160)

Dans ce type d'emplois, le schéma est le suivant : *shall* établit une visée à partir de la relation prédicative de la subordonnée, et c'est la relation prédicative de la principale qui fournit la garantie énonciative (modulée selon le prédicat utilisé). On retrouve donc un fonctionnement très proche de celui des énoncés indépendants. Il y a simplement "étalement" des deux aspects du fonctionnement de *shall* sur deux propositions.

Notons que le schéma est le même lorsque le prédicat de la principale sert à expliciter le type de prise en charge, comme dans les exemples suivants :

(32)   'But *I must warn you beforehand that I shall* tell Sybil everything. [...].' (O. Wilde, *Lord Arthur Savile's Crime*, p. 38)

(33)   *The foreman has promised that the work shall* be done before Saturday.
        (exemple emprûnté à Hornby A. S. (1957) : *A guide to patterns and usage
        in English*, OUP, London, p. 206)

(34)   What Lady Porter did or did not do, we shall presumably find out, and *I can
        tell you that I shall* take very little interest. (B. Levin, "Snouts in the
        trough", *Times*, 21 Oct. 1994, p. 20)

La principale permet de préciser, de façon explicite, que la relation
prédicative de la subordonnée correspond à une mise en garde, à une
promesse ou à une confidence [26].

Nous venons de voir certaines variations en fonction du type de
prédicat. Le sujet joue également un rôle dans cette structure. En effet,
l'introduction de ce type de principale permet également d'insister sur le
paramètre subjectif, c'est-à-dire sur l'instance qui prend en charge
l'assertion. Si la proposition principale est à la première personne (*Cf.*
l'énoncé 27), l'énonciateur (origine subjective de l'énoncé) et l'énonciateur
rapporté (origine subjective de la subordonnée) seront confondus. Par rapport
à l'énoncé indépendant correspondant, il y a explicitation de l'origine
énonciative, renforçant ainsi le caractère subjectif de la prise en charge
énonciative.

Le contenu de la subordonnée peut être dû à un énonciateur rapporté
autre que l'énonciateur. Le prédicat de la principale peut également
correspondre à un verbe déclaratif (plutôt qu'à un verbe d'opinion), comme
c'est le cas dans l'exemple suivant :

(35)   *They say now that we shall* have letters "by return of Post", meaning that we
        write today and receive a reply the day after tomorrow. (J. Stubbs,
        Ironmaster, 1981, p. 21)

Dans ce type d'exemples, il n'y a plus assertion "modulée", mais assertion
"rapportée". Il y a toujours établissement d'une visée au niveau de la
subordonnée, mais la garantie énonciative n'est pas fournie directement par
l'énonciateur. Ce dernier se contente de rapporter le dire d'un autre. La
principale permet donc à l'énonciateur de citer le contenu de la subordonnée
sans le prendre à son compte. Elle explicite l'origine énonciative du contenu
de la subordonnée.

Quelles que soient les variations vues jusqu'à présent, la principale
travaille toujours sur l'assertion, celle-ci pouvant être "modulée" de diverses
manières (sur la force de la prise en charge : "I *think* ...", "I'm *sure* ..." ; sur
le type de prise en charge : "I *warn* you ...", "I *promise* ..." ; et sur son origine

---

[26]   On se rappellera à ce propos les gloses des énoncés indépendants proposées
        dans la première partie : "Je vous préviens que ...", "je vous promets que ...", "je
        peux vous dire que ...", etc.

subjective : "*He* thought ...", "*You* said ...", etc.). Ce qui signifie que le fonctionnement est proche de celui observé dans les énoncés indépendants contenant *shall* : l'introduction d'une expression subordonnante permet simplement d'introduire des précisions sur la garantie énonciative. On peut donc considérer ce type de structure comme un "développé" des structures indépendantes correspondantes. Il n'en est pas de même lorsque la principale ne joue plus simplement sur l'assertion, mais exprime un autre type de modalité.

2.2. La principale relève de la modalité épistémique

Dans tous les cas, la relation prédicative de la subordonnée correspond à une "construction préalable" ou "préconstruit" [27], dans le sens où la prise en charge énonciative de cette relation se fait "ailleurs", en dehors de la proposition subordonnée elle-même. Dans le cas où la principale exprime une modalité assertive, la prise en charge est effectuée par la principale. Mais dans les autres cas, la prise en charge est effectuée hors de la subordonnée, et hors de la principale. Il faut alors supposer que cette prise en charge est externe à l'énoncé : elle peut se trouver dans le contexte (quand le contenu de la subordonnée correspond à une reprise) ou être implicite (voire fictive).

Quand la principale exprime une modalité épistémique, comme dans l'exemple suivant :

(36)   *It is extremely unlikely that we shall* ever be able to identify positively the eighteenth-century Ridgway earthenwares. (G. A. Godden, *Illustrated Guide of Ridgway Porcelains*, 1972, p. 10)

la prise en charge énonciative effectuée par la principale ne correspond plus à une assertion, mais à une évaluation des chances de validation de la relation (chances évaluées comme très faibles en l'occurrence : "extremely unlikely"). La principale ne peut donc plus assumer le rôle de "garantie énonciative" du contenu de la subordonnée. La relation préconstruite de la subordonnée est utilisée par l'énonciateur comme point de départ à un jugement de type épistémique : la relation fait l'objet d'un calcul quant à ses chances de validation (on passe de l'assertion au domaine du non-certain).

Il est clair que dans ce type d'exemples, c'est la référence au futur qui ressort. Cela ne doit pas nous étonner étant donné les mécanismes qui viennent d'être mis en évidence (évacuation de la prise en charge initiale de la subordonnée et remplacement par le jugement épistémique de la principale).

---

[27]   La préconstruction permet au locuteur de mentionner une relation, sans la prendre à sa charge, pour pouvoir la commenter, l'évaluer, etc.

2.3. La principale relève de la modalité appréciative

Dans ce cas, l'énonciateur ne s'intéresse pas directement à la validation de la relation (dont la prise en charge est préconstruite) : il produit un jugement appréciatif. On trouve ce type d'énoncés en particulier avec le modal *should*. Ce sont des exemples du type : *It is (un)fortunate, unfair, unthinkable, strange, a pity ... that X should ..* ou *It surprises me / I regret that X should ....* *Should* permet, comme *shall*, de faire référence à une relation préconstruite, mais la désactualisation apportée par le marqueur -ED suspend le repérage temporel et la prise en charge subjective. Ceci permet : 1) de faire référence à des événements passés ou présents, et 2) d'introduire un formatage qualitatif extérieur de la relation prédicative (fournie par l'appréciation contenue dans la principale en ce qui concerne ce type d'exemples).

Or il semble extrêmement difficile d'avoir *shall* dans ce type de contexte : * *?It is unfair / strange / a pity ... that X shall ..*" ou **?It surprises me / I regret that X shall...* car même si l'événement auquel il est fait référence est à venir, la principale fournit un formatage qualitatif (valuation positive ou négative) à l'occurrence, ce qui s'oppose précisément au fonctionnement de *shall*.

2.4. La principale relève de la modalité radicale

La principale peut exprimer une modalité radicale :

(37) *The Bank of England is determined it shall* be in a supporting, if not walk-on, capacity rather than a starring role. (*Private Eye*, 24 Dec. 1976, p. 17/3)

(38) 'I must ; therefore I can.'
'This proves human freedom. *But the law commands that I shall* be absolutely good. [...].' (F. H. Brabant, *The Everlasting Reward*, 1961)

(39) *It is highly important that new systems of cataloguing and retrieval shall* be built into the new library. (*Book-seller*, 4 March 1972, p. 1463/3)

Dans ce type d'exemples, le préconstruit correspond à l'expression d'un certain impératif. Ce cas est peut-être plus complexe à démêler que les cas précédents. La première raison en est que principale et subordonnée vont dans le même sens. *Shall* permet de mentionner une relation prédicative posée comme non encore validée, mais validable, et la visée aussi bien que la prise en charge subjective de la visée sont compatibles avec le sens exprimé par la principale. Ceci pourrait laisser penser que la garantie énonciative de la visée est interne à l'énoncé (contrairement au cas où la principale relève de la modalité épistémique).

La deuxième raison de cette complexité est que certains verbes introduisant la subordonnée (tels que *demand, suggest, insist,* etc.), appelés "suasive verbs" par les grammairiens anglophones, fonctionnent aussi comme des verbes déclaratifs. Dans l'énoncé *They demand that it shall be so,* le verbe *demand* exprime la *pression* de "they" pour obtenir la validation de la relation considérée (et renvoie ainsi à la modalité radicale), mais *demand* renvoie aussi aux *paroles* exprimant la demande (et relève alors de la modalité assertive).

Je ferai donc l'hypothèse que dans ce cas, on a affaire à un fonctionnement mixte où la garantie nécessaire au fonctionnement de *shall* reste associée au caractère préconstruit de la relation dans laquelle il apparaît. La principale ne fonctionne pas directement comme une assertion qui garantirait la visée (on garde donc en partie un fonctionnement semblable à celui où la principale relève de la modalité épistémique). Mais elle explicite la source de cette garantie énonciative (qui fonctionne là comme une source déontique). De ce fait, on retrouve également, en partie, un fonctionnement semblable à celui où la principale relève de la modalité assertive (verbe déclaratif ou d'opinion).

Si l'on compare l'énoncé : *They demand that it shall be so* à l'énoncé indépendant : *It shall be so,* on voit que le passage à une structure de subordination permet 1) d'expliciter la source énonciative et 2) de passer d'une simple annonce (promesse, menace, prédiction, etc.) de ce qui "sera" (parce que l'énonciateur dit qu'il en sera ainsi) à l'explicitation d'une pression (valeur déontique). Ce qui correspond bien à l'aspect mixte du fonctionnement que je viens de décrire.

C'est donc le fait que principale et subordonnée vont dans le même sens (expression plus ou moins "impérative" d'une visée) qui permet de faire ressortir à nouveau fortement la prise en charge subjective de la visée établie par *shall.* Mais la principale ne garantit pas directement la visée exprimée par le modal (elle en explicite seulement la source subjective). Ceci explique sans doute que ce dernier type d'énoncés reste relativement rare, en particulier par rapport aux énoncés de même structure en *should* (avec lesquels le problème ne se pose pas puisque le marqueur -ED met précisément en suspens la prise en charge énonciative).

On pourra conclure, concernant *shall* en propositions subordonnées, qu'en dehors des cas d'assertion modulée ou de paroles rapportées, la subordination entraîne un "décalage" dans la garantie énonciative (qui devient préconstruite), ce qui contribue sans doute à expliquer la relative rareté de tels énoncés. La garantie passe de l'énonciation directe à une préconstruction. On perd ainsi un peu de l'immédiateté [28] qui caractérise les autres emplois du marqueur.

3. Conclusion

Je rappellerai ici les paramètres de la forme schématique que l'on peut associer au marqueur de modalité *shall* : expression de la *visée* (au niveau quantitatif) et justification de cette visée (au niveau qualitatif) par *sa prise en charge subjective*, sans formatage qualitatif de l'occurrence. Cette forme schématique est susceptible d'être déformée en fonction des données contextuelles, tout en gardant une certaine stabilité. Elle semble en effet permettre de rendre compte du fonctionnement de *shall* en indépendantes comme en subordonnées, ainsi que de sa différence fondamentale avec le modal *should*. Je concluerai sur les mots de P. Cotte [29] qui note que « de *shall* à *should* on voit [...] le dire perdre de son efficace » [30].

Références

ADAMCZEWSKI, H. & DELMAS, C., 1982, *Grammaire linguistique de l'anglais*, Paris, Armand Colin.

BLANVILLAIN, O., 2001, « Le modal *should* : désactualisation, étalonnage qualitatif et valuation positive », *Anglophonia / Sigma*, 8, Presses Universitaires du Mirail.

BOUSCAREN, J., CHUQUET, J. & DANON-BOILEAU, L., 1987, *Grammaire et textes anglais – Guide pour l'analyse linguistique*, Gap, Ophrys.

CHERCHI, L., 1986, *La grammaire anglaise au fil des textes*, Dijon, Editions de l'ALEI.

---

[28] J'ai toujours été frappée par le lien de parenté entre le fonctionnement de *shall*, fondé sur l'énonciation et l'importance des paroles prononcées, et celui des verbes "performatifs", dont le pouvoir est également lié à l'immédiateté de la parole. On a d'ailleurs vu que certains énoncés en *shall* peuvent être glosés par des énoncés de type performatif : "Je te promets que ...", "Je te préviens que ...", etc. Ceci ne signifie pas qu'un énoncé en *shall* soit lui-même performatif, évidemment, puisque le sujet n'est pas nécessairement à la 1ère personne et que la validation de la relation est envisagée pour l'avenir. Mais c'est la "garantie énonciative" qui permet de faire le rapprochement.

[29] *Cf.* Cotte (1988 : 847).

[30] ce qui peut se traduire par le fait qu'avec *should* en énoncés indépendants, l'énonciateur introduit un formatage qualitatif de l'occurrence, ce qui modifie le type de prise en charge subjective ; et dans ses emplois "putatifs", la visée – comme sa prise en charge subjective – sont mises en suspens par le marqueur de désactualisation -ED.

COTTE, P., 1988, *Le système des auxiliaires modaux dans le système verbal de l'anglais contemporain*, Thèse de Doctorat d'Etat, Université Stendhal, Grenoble III.

CULIOLI, A., 1992, « De la complexité en linguistique », *Le Gré des Langues*, 3, p. 8-22.

DUCHET, J.-L., 1993, « *Shall*, ou l'histoire d'une grammaticalisation manquée », *In :* DANON-BOILEAU, L. & DUCHET, J.-L. (éds.), 1993, *Opérations énonciatives et interprétation de l'énoncé : Mélanges offerts à Janine BOUSCAREN,* Paris, Ophrys, p. 101-113.

FRANCKEL, J.-J. & LEBAUD, D., 1990, *Les figures du sujet – A propos des verbes de perception, sentiment, connaissance,* Gap, Ophrys.

GILBERT, E., 1987, « Grammaire anglaise. *May, must, can* et les opérations énonciatives », *Cahiers de recherche en grammaire anglaise,* 3, Gap, Ophrys.

GROUSSIER, M.-L., & RIVIERE C., 1996, *Les mots de la linguistique – Lexique de linguistique énonciative,* Gap, Ophrys.

LARREYA, P., 1984, *Le possible et le nécessaire. Modalités et auxiliaires modaux en anglais britannique,* Paris, Nathan.

PAILLARD, D., 1992, « Repérage : construction et spécification », *In :* URA 1028, Groupe Invariants langagiers, 1992, *La théorie d'Antoine Culioli : Ouvertures et incidences,* Paris, Ophrys, p. 75-88.

RIVIERE, C., 1981, « Is *Should* a weaker *Must* ? », *Journal of Linguistics,* 17 : 2, p. 179-195.

Corpus

Le corpus d'énoncés attestés utilisé ici provient d'une recherche « manuelle », ainsi que de l'utilisation de deux CD-ROMs : *OED2* et *Times* (année 1994).

Le *futur périphrastique* et l'*allure extraordinaire*

Angela SCHROTT
Université de Bochum

0. Introduction

La modalisation des formes temporelles, en particulier des temps du futur, est un phénomène qui a fait couler beaucoup d'encre. Pour documenter la genèse d'une telle valeur modale, je présenterai un emploi modal du *futur périphrastique* : l'*allure extraordinaire* [1]. L'exemple suivant illustre cette valeur modale :

(1)   – Je parie que vous allez jusqu'aux Accates ?
       – Plus loin.
       – Alors aux Camoins ?
       – Plus loin.
       – Bouzigue ouvrit des yeux énormes : « *Vous n'allez pas me dire* que vous allez à la Treille ? » (*Château*, p. 136)

Dans ce petit dialogue, Bouzigue déduit des réponses de ses interlocuteurs qu'ils pensent aller jusqu'à la Treille. Un voyage si long surprend Bouzigue – une telle intention, une telle attitude lui paraissent tout à fait 'extraordinaires' dans le sens qu'elles ne correspondent pas à ses attentes et « à l'ordre attendu des choses » [2].

Pour comprendre le fonctionnement de cet emploi modal du *futur périphrastique*, il faut intégrer la valeur temporelle dans l'analyse. Les valeurs temporelles et modales du *futur périphrastique* (« je vais chanter ») découlent d'interactions entre la sémantique de base de la forme temporelle et le contexte. Une telle interaction, qui obéit à des règles précises, crée un potentiel pragmatique qui détermine les usages et les restrictions d'usage de la forme temporelle. L'*allure extraordinaire* est un type d'emploi qui résulte d'une interaction entre la valeur temporelle du *futur périphrastique* et le contexte. La description de l'*allure extraordinaire* que je donnerai ici met l'accent sur les facteurs contextuels qui sont responsables de cette modalisation. La description d'un tel mécanisme de modalisation n'apporte pas seulement des connaissances sur un type d'emploi particulier du *futur*

---

[1]   Le terme d'*allure extraordinaire* est mentionné pour la première fois par Pichon (1933 : 93-97) et Damourette & Pichon (1936 : 107, 818-830).

[2]   *Cf.* Damourette & Pichon (1936 : 818) : « L'extraordinaire est un tour qui présente le phénomène comme ayant un caractère dérangeant par rapport à l'ordre attendu des choses. »

périphrastique ; l'*allure extraordinaire* peut également éclairer plus généralement l'emploi des périphrases modales et des verbes modaux.

Avant d'expliquer le mécanisme de cette modalisation, je présenterai brièvement la sémantique de base du *futur périphrastique* en l'opposant à celle du *futur simple*.

1. *Futur périphrastique* versus *futur simple*

Le *futur périphrastique* exprime qu'une action sera réalisée postérieurement à la situation d'énonciation et indique que les conditions de cette action sont déjà remplies et 'actuelles' dans la situation d'énonciation, ce que j'appellerai le « conditionnement actuel » du *futur périphrastique* (*Cf.* Schrott 1997 : 26-40). C'est cette sémantique distinctive de la « condition actuelle » qui oppose le *futur périphrastique* au *futur simple*. Le *futur simple* exprime des actions postérieures qui ne sont pas encore préparées par la situation d'énonciation et dont les conditions ne seront remplies que plus tard. Ainsi le *futur simple* est un futur virtuel sans lien avec la situation d'énonciation et traduit une existence future qu'on ne peut pas encore localiser dans l'avenir. L'exemple suivant illustre cette opposition :

(2)   C'est alors qu'il ressentit une douleur insolite, mortelle à son côté gauche. Une main lui prenait le cœur, le lui froissait avec lenteur – puis brutalement le comprimait comme un fruit dont on veut exprimer le jus. [...]. Les deux mains au côté, le marquis cherchait la poigne invisible pour en desserrer l'étreinte. Il râlait. « Je (*vais mourir* – *?mourrai*) [...] » (*Aristocrates*, p. 127s.)

Dans cet exemple, le *futur périphrastique* se rapporte à une action future déjà préparée par la situation d'énonciation. La mort est conditionnée par la situation actuelle de référence, c'est-à-dire par la crise cardiaque dont est pris le marquis (*Cf.* Schrott 1997 : 57-60, 64). Seul le *futur périphrastique* peut exprimer que l'action postérieure est actuelle et imminente, nuance exigée par le contexte de l'exemple. Le *futur simple*, du fait de sa sémantique virtuelle, présenterait dans l'exemple cité la mort comme un événement purement virtuel, coupé de la situation de référence. La forme du *futur simple* « Je mourrai » est synonyme de « Je mourrai un jour » et ne peut pas rendre l'idée que le marquis craint pour sa vie. La virtualité du *futur simple* exprimerait plutôt l'idée que le locuteur se plaint du fait que tous les hommes sont mortels, ce qui ne correspond pas à la situation donnée.

Dans l'exemple cité, la différence entre les deux futurs est particulièrement claire parce que la sémantique du *futur simple* est incompatible avec le contexte. Or il y a également des contextes qui admettent les deux formes. Dans ces cas, le *futur périphrastique* et le *futur simple* expriment des nuances différentes de sorte que la commutation de la forme temporelle n'est pas sans conséquences sur le plan sémantique et pragmatique :

(3)   Notre professeur n'avait pas du tout l'air d'un professeur. Il portait une belle barbe blonde, et de longs cheveux d'artiste.
        « Chic ! me dit Lagneau dès notre entrée. C'est Tignasse ! On (*va pouvoir* – pourra) rigoler ! » (*Secrets*, p. 227s.)

Ici le *futur périphrastique* souligne que l'amusement des élèves est déjà assuré par le personnage du professeur Tignasse : sa présence constitue un « conditionnement actuel », qui est déjà donné dans la situation d'énonciation. Le *futur simple* est également acceptable, mais il confère à l'événement futur un caractère virtuel. Les conditions de la réalisation ne sont pas encore remplies par la situation d'énonciation et le fait d'avoir de quoi rire paraît moins sûr. Vu sous cet angle, l'actualité ou la virtualité du conditionnement sert aussi de signal pragmatique : en utilisant le *futur périphrastique* le locuteur présente l'action future comme une action dont la réalisation a déjà commencé ; en employant le *futur simple*, le locuteur signale que la réalisation dépend de conditions qui ne sont pas encore remplies.

  Futur périphrastique et *futur simple* ont donc une dimension pragmatique liée au locuteur et à l'attitude que celui-ci adopte vis-à-vis de l'action future. En se prononçant sur une action future, le locuteur prend en charge une responsabilité communicative concernant sa réalisation dans l'avenir (*Cf.* Heger 1976 : 275-279 ; Ludwig 1988 : 34ss., 50ss.). Des énoncés comme « On va pouvoir rigoler ! » / « On pourra rigoler ! » sont tous les deux l'expression d'une certitude subjective du locuteur (*Cf.* Martin 1987 : 10, 15ss., 36-40). Le locuteur intègre l'événement futur dans son univers de croyance et en garantit la vérification dans l'avenir – c'est le locuteur qui attribue une certaine probabilité aux événements futurs – mais cette certitude est plus marquée dans le cas du *futur périphrastique* à cause du conditionnement actuel.

  Le concept de la futurité est caractérisé par la modalité épistémique, qui exprime le degré de certitude subjective que le locuteur attribue à une action future (*Cf.* Schrott 1997 : 121-124, 230-233). La futurité en tant que concept temporel est donc inextricablement liée à la modalité épistémique, modalité qui signale la présence du locuteur et son attitude envers l'énoncé (*Cf.* Herslund 1989 : 7s., 15).

  En parlant de la valeur modale du *futur périphrastique*, il faut donc préciser que le *futur périphrastique* (de même que le *futur simple*) est caractérisé par une modalité épistémique liée au concept de la futurité. Mais outre cette valeur modale omniprésente dans les temps du futur, le *futur périphrastique* connaît aussi des emplois modaux qui existent seulement dans des contextes bien déterminés, comme l'*allure extraordinaire*.

2. Sémantique et pragmatique de l'*allure extraordinaire*
2.1. La valeur modale

Le conditionnement actuel propre au *futur périphrastique* est la base sémantique de cette modalisation qu'est l'*allure extraordinaire*, modalisation qui est déclenchée par un type de contexte particulier : le *futur périphrastique* prend la valeur modale d'*allure extraordinaire* dans des contextes où une action conditionnée par la situation actuelle est repoussée par le locuteur (*Cf.* Schrott 1997 : 257-270). Ce refus s'effectue dans la plupart des cas en utilisant la négation *ne...pas* :

(4)   « Et Félix ? s'écria Pamphile. Que va penser Félix s'il ne me revoit pas ? »
        – « Il ne sera pas étonné quand il saura ce qui s'est passé. Je lui apprendrai
        tout. » – « Flavie, gémit Pamphile, vous (*n'allez pas faire* – ?ne ferez pas)
        ça ! Vous ne le pouvez pas. Félix et moi, nous sommes des camarades de
        régiment. [...] Vous ne pouvez briser une amitié comme la nôtre. » (*Euffe*,
        p. 17)

Le *futur périphrastique* « Vous n'allez pas faire ça ! » renvoie à une intention qui ne correspond pas aux attentes du locuteur et lui paraît par conséquent 'extraordinaire'. Pamphile manifeste son mécontentement dans le but de faire appel à Flavie pour qu'elle abandonne son projet. L'*allure extraordinaire* implique ici qu'on cherche à convaincre l'interlocuteur, tandis que le *futur simple* « Vous ne ferez pas ça ! » exprimerait une simple volition de la part de Pamphile, alors que celui-ci n'est pas dans la position de donner des ordres. Cette stratégie argumentative s'emploie aussi dans le texte suivant :

(5)   – Vous (*n'allez pas me dire* – ?ne me direz pas) que vous songez
        sérieusement à garder ces horreurs ici, à la place même des œuvres
        exquises...
        – Tu es un amour, Jean. Tu ne comprends rien à la peinture, mais tu es un
        amour... (*Aristocrates*, p. 136)

Dans cette séquence, le locuteur attribue à son interlocutrice une intention qu'il juge absurde afin de l'inciter à donner un démenti.

Les exemples présentés montrent que l'*allure extraordinaire* exprime que le locuteur 'nie' et rejette la disposition de l'interlocuteur. Des exemples (4) et (5) il s'ensuit que l'*allure extraordinaire* est une valeur modale propre au *futur périphrastique*. Cette exclusivité s'explique par le fait que l'interaction avec la négation n'est pas la même pour les deux formes temporelles.

2.2. Le mécanisme de la négation

Bien que la négation *ne...pas* déclenche dans la grande majorité des cas la modalisation du *futur périphrastique*, on trouve aussi des exemples où le *futur périphrastique* garde sa valeur temporelle, même si ces emplois sont beaucoup plus rares (*Cf.* Franckel 1984). Pour expliquer ces exemples il faut .prendre en considération les deux types de négation que *ne...pas* peut exprimer (*Cf.* Schrott 1997 : 270-284) : la négation interne et la négation externe. Tandis que la négation interne fait partie de l'énoncé, la négation externe réfute l'énoncé entier (*Cf.* Muller 1991 : 20s., 46ss.). Dans les énonciations concernant les événements futurs, la négation interne exprime qu'un événement (non p) a lieu dans l'avenir tandis que la négation externe 'nie' la réalisation d'un événement (p) dans l'avenir :

négation interne	réalisation de (non p) dans l'avenir
négation externe	non-réalisation de (p) dans l'avenir

En examinant les exemples, on constate que le *futur périphrastique* garde sa valeur temporelle dans les cas où *ne...pas* fonctionne comme négation interne. Dans ces exemples, le *futur périphrastique* exprime la réalisation de (non p) dans l'avenir. Intégrée dans l'énoncé, la négation n'a pas la valeur illocutoire nécessaire pour déclencher la modalisation :

(6)   – « Tu veux que je t'aide pour l'ouverture ? »
        – « Non, Albert *ne va pas tarder*. Monte te coucher plutôt. Tu dois être à plat. » (*Grive*, p. 339)

(7)   Je croyais notre région à l'abri du terrorisme, assure-t-il. Moi, je suis musulman, et ce n'est pas le FIS qui *va me dicter* ma ligne de conduite. Je n'ai des comptes à rendre qu'à Dieu, [...]. (*Nouvel Observateur* 1570 : p. 8)

Une telle intégration est réalisée dans des syntagmes verbaux comme *ne pas tarder* (6), mais également dans des énoncés où la négation se réfère seulement à une partie de la phrase, comme c'est le cas dans (7).
    La valeur temporelle reste également intacte si l'on combine le *futur périphrastique* avec une négation exclusivement interne comme *ne...rien* :

(8)   Il m'a dit : « Docteur, j'ai une difficulté en maths à laquelle vous *n'allez* sans doute *rien comprendre*, mais je vous l'expose quand même. » (*Nouvel Observateur* 1582, p. 9)

Les exemples (6), (7) et (8), où la négation interne est en corrélation avec une valeur temporelle, montrent que la modalisation de l'*allure extraordinaire* ne peut être que liée à une négation externe. Comme *ne...pas* peut opérer une négation interne ou externe, il y a des cas ambigus où les deux valeurs, temporelle et modale, paraissent acceptables :

(9)   Tu ne vas pas manger de cette tarte.

(10)   Tu ne vas pas manger de ces saloperies !

Dans (9), les deux valeurs paraissent acceptables selon le contexte qu'on imagine. Dans la version temporelle, le locuteur prononce une simple volition, dans l'interprétation modale, le locuteur récuse l'intention de l'interlocuteur, ce qui confère à son énoncé la nuance d'un appel indirect. Dans l'exemple (10) on préfère l'interprétation modale à cause de la sémantique péjorative de *saloperies* (*Cf.* Schrott 1997 : 279).

   Les exemples montrent que le *futur périphrastique* interagit d'une manière différente avec les deux types de négation. Le *futur simple*, par contre, garde sa valeur temporelle indépendamment du fonctionnement (interne ou externe) de la négation :

(11)   Non, je *ne* lui *parlerai pas* de l'Inquisition, ni de Calas, ni de Jan Huss, [...] ; je *ne dirai rien* des papes Borgia, ni de la papesse Jeanne ! (*Gloire*, p. 45s.)

Dans cet exemple, le *futur simple* est combiné avec la négation externe *ne...pas* et avec la négation interne *ne...rien* ; dans les deux cas, la sémantique temporelle reste intacte et ne subit aucune modalisation.

   La différence concernant l'interaction avec la négation est due à l'actualité et à la virtualité du conditionnement, qui caractérisent le *futur périphrastique* et le *futur simple*. Le *futur simple* confère à l'événement futur une sémantique virtuelle qui implique que l'événement futur puisse se réaliser ou non dans l'avenir. Dans le cas du *futur périphrastique* cette alternative n'existe pratiquement pas parce que l'action future est déjà préparée par les conditions actuelles.

   De ce fait, les mécanismes de la négation interne et de la négation externe n'interagissent pas de la même manière avec les deux formes du futur. Dans le cas de la négation interne, le *futur simple* offre une alternative entre les actions virtuelles (p) et (non p) ; avec la négation externe les deux options sont : la réalisation de (p) et la non-réalisation de (p). Mais cette différence de fonctionnement entre la négation interne et la négation externe n'a pas de conséquences sur la sémantique et la pragmatique du *futur simple* : le *futur simple* garde sa valeur temporelle dans les deux cas.

Le *futur périphrastique* ne peut offrir une telle alternative que si la négation est interne : dans ce cas, le *futur périphrastique* implique une alternative entre (p) et (non p). De même que le *futur périphrastique* affirmatif présente la réalisation de (p) comme préparée par la situation actuelle, le *futur périphrastique* avec une négation interne traduit que la réalisation de (non p) est déjà préparée par la situation d'énonciation :

(12)   Le ciel est dégagé, il ne va pas pleuvoir.

Ici l'action future « ne pas pleuvoir » (non p) est conditionnée par la situation d'énonciation. Tout comme le *futur simple*, le *futur périphrastique* conserve ici sa sémantique temporelle.

La négation externe n'agit pas de la même façon sur le *futur périphrastique*. Comme l'action conditionnée par la situation actuelle est déjà en train de se réaliser, la négation externe ne peut pas se référer à la réalisation de cette action. Par conséquent, le *futur périphrastique* avec une négation externe ne peut pas exprimer la non-réalisation de (p) – la négation doit 'attaquer' ailleurs. Comme le *futur périphrastique* implique non seulement une réalisation dans l'avenir, mais également une condition actuelle, c'est sur cette condition actuelle que porte la négation externe. La négation 'refuse' la condition actuelle qui se manifeste dans l'attitude qu'exprime la forme du futur. C'est donc la sémantique du « conditionne-ment actuel » qui devient le pivot de la modalisation (*Cf.* Schrott 1997 : 270-284).

Ces interactions sont illustrées par l'exemple suivant. Joseph craint les conséquences draconiennes d'une petite infraction qu'il a commise. Sa femme essaie de le tranquilliser :

(13)   Joseph, tu exagères, tu es ridicule. On *ne va pas te guillotiner*. (d'après *Château*, p. 197)

Aux yeux de sa femme, rien ne justifie la peur exagérée de Joseph dans la situation actuelle – une opinion qui se manifeste aussi dans le caractère hyperbolique de la formule choisie. Ici, la négation externe à valeur illocutoire ne se réfère pas à la réalisation de l'action en question mais à la condition actuelle. Joseph est convaincu que les conséquences graves pour lui sont déjà conditionnées par la situation actuelle. Or, sa femme ne partage pas cette vue des choses et récuse l'idée d'un conditionnement actuel : elle 'nie' l'existence d'une condition remplie et refuse l'état d'esprit de son mari qui se fait à ses yeux des soucis tout à fait exagérés.

L'exemple (13) est-il susceptible d'une interprétation temporelle ? Dans ce cas, *ne...pas* fonctionnerait comme une négation interne (non p), ce qui donnerait la paraphrase suivante : L'action « ne pas guillotiner » est préparée par une condition actuelle. Cette lecture temporelle impliquerait une alternative entre l'action (p) et l'action (non p). Dans cette perspective, la réalisation future de la peine capitale apparaîtrait comme une alternative réaliste. L'étrangeté de cette nuance est encore plus évidente si l'on remplace le *futur périphrastique* par le *futur simple* :

(14)   Joseph, tu exagères, tu es ridicule. On *ne te guillotinera pas.*

Dans cette variante, on a l'impression que le pauvre Joseph a vraiment des raisons de craindre la peine capitale, ce qui ne correspond pas au contexte donné. Le *futur simple* et l'interprétation temporelle du *futur périphrastique* (avec une négation interne) seraient seulement possibles dans un autre contexte où l'on discuterait par exemple les conséquences d'un crime capital.

2.3. L'*allure extraordinaire* du *futur périphrastique du passé*

Comme le *futur périphrastique*, le *futur périphrastique du passé* exprime qu'une action sera réalisée postérieurement à une situation de référence et indique que les conditions de cette action sont déjà remplies et 'actuelles' dans la situation de référence. Dans le cas du *futur périphrastique du passé* cette situation de référence est localisée dans le passé : l'énonciateur prend la place d'un locuteur dans le passé et la situation de référence est ainsi transposée dans le passé (*Cf.* Vet 1980 : 31s.). Le *futur périphrastique* et le *futur périphrastique du passé* ont en commun la même sémantique caractéristique de la « condition actuelle » qui les oppose au *futur simple* et au *futur simple du passé* :

(15)   A cette annonce, Paul fut saisi d'un accès de rire en trois quintes si violentes qu'elles dévièrent une bouchée de sardines à la tomate, et je crus qu'il (*allait périr* – *périrait*) sous nos yeux ; [...]. (*Secrets*, p. 88)

Ici, le concept d'une action déjà préparée par la situation de référence se traduit uniquement par le *futur périphrastique du passé* – l'exemple (15) fonctionne d'une manière tout à fait analogue à l'exemple (2).
      Le mécanisme de modalisation fonctionne d'une manière analogue pour le *futur périphrastique du passé* [3]. L'exemple suivant est tiré de l'histoire d'un crime que la police n'a pas pris au sérieux à temps :

---

[3]   Autant que je sache, Gougenheim (1929 :109) et Flydal (1943 : 64s.) sont les seuls à citer des exemples du *futur périphrastique du passé* qui sont proches de la valeur modale de l'*allure extraordinaire*.

(16)   La voiture avait été incendiée et les plaques minéralogiques dévissées. Les
         gardai [sic] de Loghrea ont enregistré la déclaration et ont pensé à autre
         chose. Sans doute des jeunes qui avaient commis un mauvais coup, ou des
         gens venus de « l'autre côté » de l'Irlande du Nord. On (*n'allait pas mettre*
         – **ne mettrait pas*) toutes les polices de la République en branle pour si peu.
         (*Nouvel Observateur* 1549, p. 49)

Dans ce texte, l'*allure extraordinaire* exprime l'attitude des agents de police
qui prennent les traces d'un meurtre pour un simple acte de vandalisme et
rejettent par conséquent l'idée d'alarmer toutes les polices de la région.
L'auteur se met à leur place et résume leur argumentation à l'aide du schéma
d'interaction inhérent à l'*allure extraordinaire*. L'analyse des exemples
montre que l'*allure extraordinaire* du *futur périphrastique* et celle du *futur
périphrastique du passé* contiennent dans les deux cas un schéma
d'interaction identique où le locuteur récuse l'attitude de l'interlocuteur.

2.4. Sémantique et pragmatique

Après avoir illustré l'*allure extraordinaire du passé*, décrivons maintenant
avec plus de précision le potentiel pragmatique de l'*allure extraordinaire* :

(17)   Lorsque ma mère, qui nous attendait à la fenêtre, vit arriver ce chargement,
         elle disparut aussitôt pour reparaître sur le seuil. « Joseph, dit-elle, [...], tu *ne
         vas pas rentrer* toutes ces saletés dans la maison ? » (*Gloire*, p. 66)

Ici l'*allure extraordinaire* « Tu ne vas pas rentrer toutes ces saletés dans la
maison ? » exprime l'attitude de la mère qui s'oppose à l'intention de Joseph.
A travers cette opposition, elle signale son mécontentement afin de faire
appel à son mari pour qu'il abandonne son projet.
     La valeur modale de l'*allure extraordinaire* est rendue en allemand par
des modalisateurs, le plus souvent par *doch* :

(17) a. Du wirst *doch* nicht diesen ganzen Plunder ins Haus bringen wollen ?

Ce modalisateur exprime un antagonisme implicite entre le locuteur et un
élément de la situation d'énonciation (*Cf.* Beerbom 1992 : 185ss.), ce qui
correspond tout à fait aux conditions d'emploi de l'*allure extraordinaire*.
     La stratégie inhérente à l'*allure extraordinaire* a bien sûr des affinités
électives avec la 2e personne grammaticale qui domine aussi dans les
exemples donnés. Mais l'*allure extraordinaire* fonctionne avec toutes les
personnes grammaticales :

(18)   Mais que voulez-vous que j'y fasse ? Je me contente de répondre à la
         demande ! Les gens ne veulent plus se poser des questions. Ils me

demandent de les prendre en charge, *je ne vais tout de même pas refuser* !
(*Nouvel Observateur* 1431, p. 7)

Le locuteur, un psychiatre, se défend contre le reproche d'abuser de la
crédulité de ses patients. Il juge l'idée de refuser certains malades absurde et
rejette la demande de son interlocuteur.

L'analyse des exemples montre que l'*allure extraordinaire* en tant que
périphrase modale fonctionne comme un schéma d'interaction où le locuteur,
dans un appel indirect, récuse la disposition de l'interlocuteur. L'analyse
comparative du *futur périphrastique* et du *futur périphrastique du passé* fait
ressortir que le mécanisme de modalisation fonctionne de manière analogue
pour les deux formes.

Le schéma d'interaction de l'*allure extraordinaire* porte sur les relations
qui existent entre les interlocuteurs, leurs attitudes et leurs jugements. Le
conditionnement actuel inhérent à l'*allure extraordinaire* se réfère à une
donnée de la situation d'énonciation. La condition actuelle focalise une
disposition qui est ensuite refusée par le locuteur. L'*allure extraordinaire* fait
ainsi partie d'une deixis communicative : le locuteur montre d'un geste
déictique les facteurs importants pour le déroulement de l'interaction verbale
entre les locuteurs (*Cf.* Blumenthal 1987 : 112). Ce concept d'une deixis
méta-communicative correspond au terme allemand « Abtönung » (*Cf.*
Weydt 1969 : 60ss. ; Koch & Oesterreicher 1990 : 69ss.).

La modalité de l'*allure extraordinaire* semble à première vue être loin
de la sémantique du *futur périphrastique*. L'analyse de l'interaction avec la
négation a bien montré que la sémantique du conditionnement actuel est le
pivot de la modalisation. De plus, le cas de l'*allure extraordinaire* montre
que la description linguistique ne doit pas se limiter à la sémantique verbale :
on a bien reconnu que la modalisation est déclenchée par la négation mais
sans préciser ses mécanismes. Seule une analyse plus détaillée de la négation
qui distingue la négation externe de la négation interne peut expliquer
pourquoi la modalisation n'a pas lieu dans certains contextes. L'*allure
extraordinaire* illustre l'interaction d'une forme temporelle avec un élément
sans sémantique temporelle : la négation. En ce qui concerne l'étude des
temps du futur et de leurs modalisations le cas de l'*allure extraordinaire*
montre qu'il faut intégrer dans l'analyse une multitude de corrélations
possibles, corrélations qui peuvent élargir notre perspective sur les
modalisations des formes temporelles et les périphrases modales en général.

Références

BEERBOM, Ch., 1992, *Modalpartikeln als Übersetzungsproblem. Eine
    kontrastive Studie zum Sprachenpaar Spanisch-Deutsch,* Frankfurt am
    Main, Lang.

BLUMENTHAL, P., 1987, *Sprachvergleich Deutsch – Französisch,* Tübingen, Niemeyer.

DAMOURETTE, J. & PICHON, E., 1936, *Des mots à la pensée. Essai de Grammaire de la Langue Française. Vol. V : Verbe (fin) : Auxiliaires – Temps – Modes – Voix,* Paris, Editions d'Artrey.

FLYDAL, L., 1943, « 'Aller' et 'venir de' suivis de l'infinitif comme expressions de rapports temporels », *Avhandlinger det Norske Videnskaps-Akademi,* Oslo, p. 1-119.

FRANCKEL, J.-J., 1984, « Futur 'simple' et futur 'proche' ». *Le français dans le monde,* 23, p. 65-70.

GOUGENHEIM, G., 1929, *Etude sur les périphrases verbales de la langue française,* Paris, Nizet.

HEGER, K., 1976, *Monem, Wort, Satz und Text,* 2. erweiterte Auflage, Tübingen, Niemeyer.

HERSLUND, M., 1989, « Modality. A Presentation ». *In : On Modality. Papers from Meetings and Discussions in the Linguistic Circle of Copenhagen,* Copenhagen, The linguistic circle of Copenhagen, p. 7-16.

KOCH, P. & OESTERREICHER, W., 1990, *Gesprochene Sprache in der Romania : Französisch, Italienisch, Spanisch,* Tübingen, Niemeyer.

LUDWIG, R., 1988, *Modalität und Modus im gesprochenen Französisch.* Tübingen, Narr.

MARTIN, R., 1987, *Langage et croyance. Les « univers de croyance » dans la théorie sémantique,* Bruxelles, Mardaga.

MULLER, C., 1991, *La négation en français. Syntaxe, sémantique et éléments de comparaison avec les autres langues romanes,* Genève, Droz.

PICHON, E., 1933, « De l'accession du verbe 'aller' à l'auxiliarité en français », *Revue de philologie française et provençale,* 45, p. 65-108.

SCHROTT, A., 1997, *Futurität im Französischen der Gegenwart. Semantik und Pragmatik der Tempora der Zukunft,* Tübingen, Narr.

TOGEBY, K., 1982, *Grammaire française. Vol. II. Les Formes Personnelles du Verbe,* Copenhague, Akademisk Forlag.

VET, C., 1980, *Temps, aspects et adverbes de temps en français contemporain. Essai de sémantique formelle,* Genève, Droz.

WEYDT, H., 1969, *Abtönungspartikel. Die deutschen Modalwörter und ihre französischen Entsprechungen,* Bad Homburg, Gehlen.

Textes cités

CHEVALLIER, G. 1968 (1945), *Les héritiers Euffe,* Paris, Le Livre de Poche. (*Euffe*)

Le Nouvel Observateur, 1990-1996.

PAGNOL, M., 1988 (1957), *La gloire de mon père. Souvenirs d'enfance*, Paris, Editions de Fallois. (*Gloire*)

PAGNOL, M., 1988 (1957), *Le château de ma mère. Souvenirs d'enfance*, Paris, Editions de Fallois. (*Château*)

PAGNOL, M., 1988 (1960), *Le temps des secrets. Souvenirs d'enfance*, Paris, Editions de Fallois. (*Secrets*)

SAINT PIERRE, M. de, 1954, *Les aristocrates*, Paris, Editions de la Table Ronde. (*Aristocrates*)

TROYAT, H., 1956, *Les semailles et les moissons. Vol. III La grive*, Paris, Librairie Plon. (*Grive*)

COMPTE RENDU de Jacques Moeschler et Marie-José Béguelin, (éds), (2000). *Référence temporelle et nominale. Actes du 3ᵉᵐᵉ Cycle Romand de Sciences du Langage (Cluny, 15-20 avril 1996),* **Bern ; Berlin ; Bruxelles ; Frankfurt/M. ; New York ; Wien : Peter Lang.**

Ce recueil, constitué de onze contributions, présente l'intérêt majeur de réunir des chercheurs travaillant dans des perspectives théoriques très différentes, ce qui permet au lecteur d'avoir un aperçu assez large des tendances actuelles en sémantique linguistique et cognitive.

L'article de D. Wilson et T. Matsui (*Approches récentes du pontage référentiel : vérité, cohérence, référence*) traite du pontage référentiel. Les auteurs rappellent certaines hypothèses décrivant les conditions dans lesquelles s'effectue ce type d'anaphore (les hypothèses vériconditionnelles, issues des travaux de Grice, et la théorie de la cohérence notamment), présentent les principes fondamentaux de la théorie de la pertinence et exposent, à partir du commentaire d'exemples tirés d'un questionnaire établi par Matsui, la façon dont la théorie de la pertinence rend compte du pontage référentiel.

L'article d'A. Reboul (*Le linguiste, le zoologue et le cognitiviste : vers une vision réaliste de la référence*) se situe également dans une approche résolument cognitiviste. La question de l'usage non référentiel des expressions référentielles est abordée dans le cadre de la théorie de la pertinence. L'auteur développe la notion de représentation mentale, à la base, selon elle, de l'interprétation de tout énoncé.

L'article de J. Moeschler (*L'ordre temporel est-il naturel ? Narration, causalité et temps verbaux*) revient sur la question de l'ordre discursif (dans lequel les événements sont présentés) et de l'ordre temporel (dans lequel les événements se sont déroulés). Après avoir montré les limites de plusieurs approches sémantiques ou pragmatiques relatives à ce point, l'auteur s'intéresse plus particulièrement aux relations entre temporalité et causalité et effectue une mise au point des différentes théories qui tentent d'en rendre compte.

L'article de J.-M. Adam (*Le temps et les temps dans le texte*) est consacré à l'étude des temps verbaux de l'indicatif. Par le biais de l'analyse de récits courts (faits divers relatés sous forme de brève notamment), l'auteur montre comment se construit la référence temporelle, en relation avec les temps verbaux, les compléments temporels et aussi le cadre énonciatif du récit.

Selon A.-Cl. Berthoud (*Construction énonciative et interactive de la référence*), le sens d'un énoncé résulte d'une construction commune effectuée par les deux co-énonciateurs. Après avoir décrit d'un point de vue théorique comment le topic est peu à peu construit par les co-énonciateurs, en fonction de leur rapport à ce topic, l'auteur étaye son propos par l'analyse de séquences enregistrées en situation de dialogue.

C. Vet (*Référence temporelle, aspect verbal et les dichotomies massif / comptable et connu / nouveau*) s'intéresse à l'analogie entre temps verbaux et déterminants. Il montre notamment que, de même que le déterminant indéfini précède un nom comptable, le passé simple est utilisé avec un procès borné, tandis que de même que le partitif précède un nom massif, l'imparfait est utilisé avec un procès homogène. Comme dans le cas des déterminants, une réinterprétation est effectuée si le prédicat ne comporte pas le trait [± borné] compatible avec le temps utilisé. Du point de vue discursif, le passé simple introduit, comme le déterminant indéfini, du nouveau, tandis que, comme le déterminant défini, l'imparfait à tendance à présenter du connu.

L'article de J. François et D. Coulon (*La représentation de la localisation spatio-temporelle : Grammaire fonctionnelle vs Réseaux conceptuels*) présente trois modèles de formalisation de la référence spatio-temporelle selon le Modèle Néerlandais de Grammaire Fonctionnelle. Les auteurs proposent ensuite une description de la préposition *à* dans le cadre des représentations par Réseaux Conceptuels.

L. Tasmowski-De Ryck et B. Laca (*Le pluriel indéfini et les référents de discours*) s'intéressent à l'expression du pluriel indéfini (avec ou sans déterminant) dans les langues romanes. Les auteurs décrivent notamment les points communs et les spécificités du déterminant indéfini pluriel en espagnol et en roumain.

L'article de F. Corblin (*Peut-on anaphoriser le complémentaire d'un ensemble ?*) revient sur la question de l'anaphore. Après avoir exposé les conditions permettant l'anaphore d'un ensemble selon la Théorie des Représentations Discursives, ainsi que selon la théorie élaborée par Moxey et Sandford, l'auteur montre l'influence des quantifieurs dans l'interprétation de l'ensemble anaphorisé par un syntagme nominal.

L. Tovena et J. Jayez (*Déterminants et irréférence. L'exemple de « tout »*) proposent une description du déterminant *tout*, dont l'emploi permet d'estomper la référence. Les auteurs rappellent les hypothèses existentielles de Kleiber et Martin, selon lesquels il n'y a pas d'implication d'existence liée à l'emploi de *tout* et proposent des arguments en faveur d'une hypothèse en termes d'individuation, fondée sur la notion de prédicat rigide.

Enfin, L. Romary et N. Bellalem (*Interprétation des énoncés langue + geste en situation de dialogue homme-machine*) s'intéressent aux énoncés multi-modaux, dans le cadre d'une approche pluridisciplinaire. Après avoir exposé les différents problèmes méthodologiques rencontrés lors de la conception d'un système de dialogue homme-machine, les auteurs décrivent les étapes de traitement de l'information effectuées par la machine lors de l'association d'un geste et d'un énoncé dans le cadre de la référence déictique.

Estelle Moline
Université du Littoral - Côte d'Opale
Modalités du Fictionnel - JE 2210